O DIREITO
À PREGUIÇA

O livro é a porta que se abre para a realização do homem.

Jair Lot Vieira

PAUL LAFARGUE

O DIREITO À PREGUIÇA

Refutação do
direito ao trabalho
de 1848

Tradução, apresentação e notas:
ALAIN FRANÇOIS

Nascido em Nice, França, Alain Pierre Alban François vive no Brasil desde 1985, e tem atuado como tradutor e intérprete desde 1994. Estudou na Académie de Marseille e possui bacharelado em Letras pela Unicamp. Já traduziu obras de Marquês de Sade e Paul Ricœur, entre outros grandes autores, além de ter trabalhado como intérprete em eventos de repercussão mundial. Atualmente, vive em São Paulo e colabora com a revista *Educação e Sociedade* e a *Revista Brasileira de Psicanálise*.

Copyright da tradução e desta edição © 2016 by Edipro Edições Profissionais Ltda.

Título original: *Le droit à la paresse*.

Todos os direitos reservados. Nenhuma parte deste livro poderá ser reproduzida ou transmitida de qualquer forma ou por quaisquer meios, eletrônicos ou mecânicos, incluindo fotocópia, gravação ou qualquer sistema de armazenamento e recuperação de informações, sem permissão por escrito do editor.

Grafia conforme o novo Acordo Ortográfico da Língua Portuguesa.

1ª edição, 1ª reimpressão 2021.

Editores: Jair Lot Vieira e Maíra Lot Vieira Micales
Coordenação editorial: Fernanda Godoy Tarcinalli
Produção editorial: Fernanda Rizzo Sanchez
Tradução, apresentação e notas: Alain François
Revisão: Brendha Rodrigues Barreto e Janyne Martini
Projeto gráfico e editoração eletrônica: Estúdio Design do Livro
Capa: Paulo Damasceno

Dados Internacionais de Catalogação na Publicação (CIP)
(Câmara Brasileira do Livro, SP, Brasil)

Lafargue, Paul.
   O direito à preguiça : refutação do direito ao trabalho de 1848 / Paul Lafargue ; tradução, apresentação e notas Alain François. – São Paulo : Edipro, 2016.

   Título original: Le droit à la paresse.

   ISBN 978-85-7283-972-3

   1. Ócio 2. Trabalho 3. Trabalhadores – Condições sociais I. François, Alain II. Título.

16-01859   CDD-306.4812

Índice para catálogo sistemático:
1. Ócio : Trabalho : Sociologia : 306.4812

São Paulo: (11) 3107-7050 • Bauru: (14) 3234-4121
www.edipro.com.br • edipro@edipro.com.br
@editoraedipro   @editoraedipro

SUMÁRIO

Apresentação, 7

Paul Lafargue a seus colaboradores de *Égalité*, 11

Preâmbulo, 15

O DIREITO À PREGUIÇA, 19

I Um dogma desastroso, 21

II Bênçãos do trabalho, 27

III O que se segue à superprodução, 45

IV Nova melodia, letras novas, 63

Apêndice, 73

Sobre o autor, 81

Obras publicadas, 91

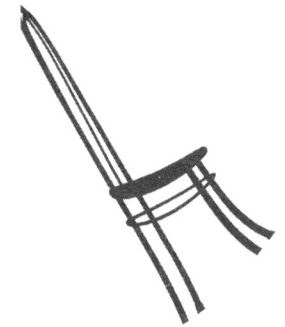

APRESENTAÇÃO

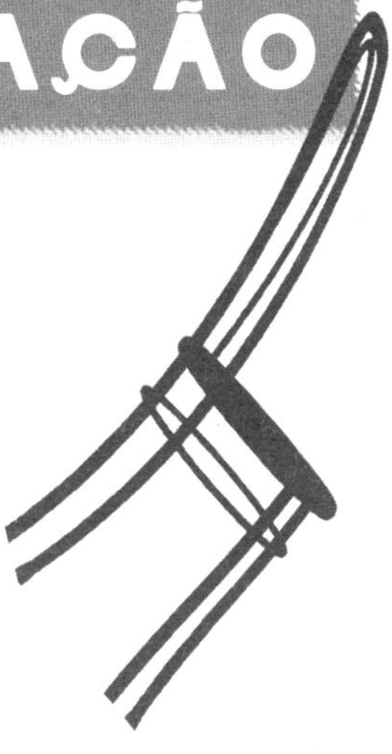

Esta é uma tradução "nova", por essa razão fiz algumas escolhas. A primeira, e mais óbvia, foi a de não ler nenhuma tradução que, porventura, existisse. A segunda foi a de verter as citações diretamente em vez de procurar traduções "consagradas", já publicadas em português. De fato, nem sempre essas versões coincidem, e pareceu-me mais sensato usar esse método para tentar ser o mais fiel possível ao conteúdo que o autor quis passar no seu texto. Embora Lafargue tenha sido tradutor – ele mesmo, pois, com a mulher, traduziu várias obras de Marx e outras tantas de Engels –, ele não manifesta ter se preocupado com qual versão seria mais fiel ao autor original, mas simplesmente escolheu as que melhor serviriam ao seu propósito. Realizei uma pesquisa a respeito dos inúmeros nomes que ele cita no texto, pois, se alguns passaram para a posteridade, a grande maioria é desconhecida até do público francês. Nem sempre foi fácil saber a quem o autor se referia exatamente, mas consegui encontrar referências "seguras" para a maioria das pessoas, famílias ou empresas mencionadas, de modo a ajudar o leitor brasileiro a entender melhor o contexto geral da época, inclusive com esta apresentação.

Resta-me agradecer a minha noiva, Helen van Leeuwen, não apenas pelo apoio moral durante o trabalho inteiro, como pelas excelentes revisões do meu português, já que o intuito era produzir um texto que soasse como se fosse escrito por um brasileiro. Traduzir um livro que tenciona erigir em direito um "pecado capital", mais de 130 anos após a sua publicação, representa um desafio e tanto. Agora, cabe ao leitor julgar se consegui superá-lo.

Alain François

PAUL LAFARGUE A SEUS COLABORADORES DE *ÉGALITÉ*

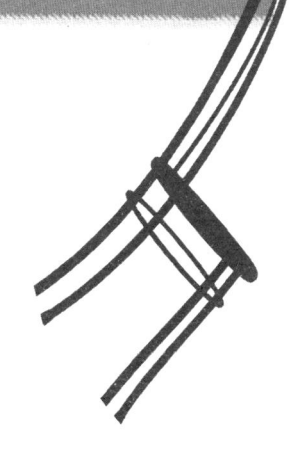

Caros Camaradas,

Alertas e cheios de ardor, partimos em guerra contra a sociedade capitalista que esmaga o operário qual a mó o grão. Filhos degenerados dos Rabelais e dos Diderots, os burgueses, nossos mestres, apregoam a abstinência. Sua moral capitalista, patética paródia da moral divina, lançou o anátema contra as paixões humanas; seu ideal é a transformação do produtor em uma máquina que produz trabalho sem trégua nem piedade. Reergamos a bandeira dos materialistas do Renascimento e do século XVIII, proclamemos, na cara de todas as baratas de sacristia, de todos os santarrões da Igreja Econômica e da Igreja Cristã, que a terra não mais há de ser um vale de lágrimas para a classe operária, que no meio social que criaremos, "pacificamente, se possível, senão violentamente", todas as paixões dos homens terão rédeas soltas, pois "todas são boas por natureza; nada temos a evitar afora seu mau uso e seus excessos"[1]. Ora, para evitar seu mau uso e seus excessos, é preciso

---

1. Descartes. *As paixões da alma*.

deixar que todas se desenvolvam para que se contrabalancem mutuamente.

Os Gambetta, Gallifet, Bonnet, Rothschild, esses modelos de virtude, vão zurrar se tratar de imoralidade, tanto melhor; pois, quando estivermos no poder, a eles aplicaremos as doçuras da abstinência e do trabalho forçado que eles impõem a todos os produtores.[2]

Coragem, meus amigos, tomemos de assalto a moral e as teorias sociais do capitalismo; façamos com que nossa crítica derrube os preconceitos burgueses até que nossa ação revolucionária abale a propriedade burguesa.

Em guerra! Em guerra! Camaradas, a tarefa é longa e o tempo não nos dá trégua.

---

2. *Léon Gambetta* (1838-1882): político, ministro do interior e da guerra durante a guerra franco-prussiana. Fugiu de balão durante o sítio de Paris. *Gaston de Gallifet* (1831-1909): apelidado o "Massacrador da Comuna", foi oficial do exército e governador de Paris. *Bonnet*: família de industriais, fundadora da Maison Bonnet, uma das primeiras tecelagens de seda de Lyon, capital europeia da produção desse tecido. Família *Rothschild*: banqueiros e fundadores da dinastia Rothschild na França. (N.T.)

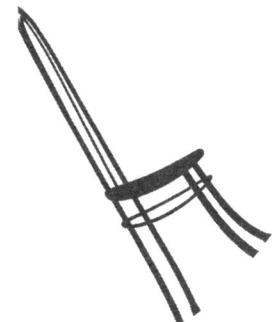

PREÂMBULO

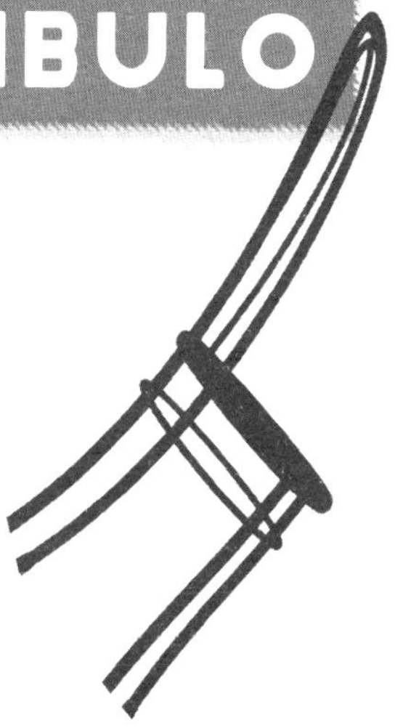

a comissão sobre instrução primária de 1849, o Sr. Thiers[3] disse:

> Quero tornar toda poderosa a influência do clero, pois conto com ele para propagar essa boa filosofia que ensina ao homem que está neste mundo para sofrer, e não essa outra filosofia que, pelo contrário, diz ao homem: "Goze".

O Sr. Thiers formulava a moral da classe burguesa cujo egoísmo feroz e inteligência tacanha encarnou.

Enquanto, apoiada pelo clero, a burguesia lutava contra a nobreza, defendia abertamente o livre exame e o ateísmo; já triunfante, mudou de tom e atitude; e, hoje, pretende escorar sua supremacia econômica e política na religião. Nos séculos XV e XVI, glorificava a carne e suas paixões, reprovadas pelo cristianismo, pois havia alegremente retomado a tradição pagã; agora, repleta

---

3. *Adolphe Thiers* (1797-1877): historiador e estadista. A sua repressão à Comuna de Paris matou milhares de parisienses. (N.T.)

de bens e gozos, renega os ensinamentos de seus pensadores, os Rabelais, os Diderots, e apregoa a abstinência para os assalariados. A moral capitalista, patética paródia da moral cristã, lança o anátema contra a carne do trabalhador; tem por ideal reduzir ao mínimo as necessidades do produtor, suprimir suas alegrias e paixões, e condená-lo ao papel de máquina que produz trabalho sem trégua nem piedade.

Os socialistas revolucionários têm de retomar o combate que os filósofos e panfletários da burguesia travaram; têm de tomar de assalto a moral e as teorias sociais do capitalismo; têm de aniquilar, na cabeça da classe chamada à ação, os preconceitos semeados pela classe dominante; têm de proclamar, na cara das baratas de sacristia de todas as morais, que a Terra deixará de ser o vale das lágrimas do trabalhador; que, na sociedade comunista do futuro que fundaremos, "pacificamente, se possível, senão violentamente", as paixões dos homens terão rédeas soltas: pois "todas são boas por natureza, apenas precisamos evitar seu mau uso e seus excessos"[4], os quais apenas serão evitados por seu mútuo contrabalanço, pelo desenvolvimento harmônico do organismo humano, uma vez que, como disse o Dr. Beddoe: "Somente quando alcança seu máximo desenvolvimento físico é que uma raça atinge seu auge de energia e vigor moral". Tal era também a opinião do grande naturalista Charles Darwin.[5]

---

4. Descartes. *As paixões da alma.*
5. Doutor Beddoe. *Memoirs of the anthropological society.* Ch. Darwin. *Descent of man.*

A refutação do *Direito ao trabalho*, que estou reeditando com algumas notas adicionais, foi publicada no semanário *L'Égalité*, de 1880, segunda série.

P. L.

(Prisão de Sainte-Pélagie[6], 1883)

---

6. Prisão parisiense na qual foram encarceradas várias pessoas famosas. (N.T.)

O DIREITO À PREGUIÇA

Refutação do direito ao trabalho de 1848

Preguicemos em todas as coisas, exceto ao amarmos e bebermos, exceto ao preguiçarmos.

Lessing

I
UM DOGMA
DESASTROSO

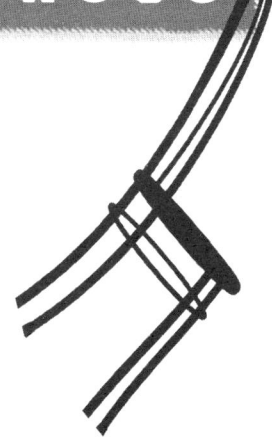

Uma estranha loucura está possuindo as classes operárias das nações em que reina a civilização capitalista. Essa loucura arrasta na sua esteira misérias individuais e sociais que, há séculos, estão torturando a triste humanidade. Essa loucura é o amor ao trabalho, a paixão furiosa pelo trabalho, levada ao esgotamento das forças vitais do indivíduo e de sua prole. Em vez de reagir contra essa aberração mental, sacerdotes, economistas e moralistas tornaram o trabalho sacrossanto. Cegos e limitados quiseram ser mais sábios que seu Deus; fracos e desprezíveis, quiseram resgatar o que seu Deus havia amaldiçoado. Eu, que não professo ser cristão, econômico ou moral, rejeito seu juízo em nome do seu Deus; desde as predicações de sua moral religiosa, econômica, livre pensadora, até as consequências medonhas do trabalho para a sociedade capitalista.

Na sociedade capitalista, o trabalho é a causa de todas as degenerescências intelectuais, de todas as deformidades orgânicas. Comparem o puro-sangue das cavalariças dos Rothschilds, tratado por uma criadagem bímana, e a pesada bruta das fazendas normandas, que ara a terra, puxa carroças de estrume, enceleira as colheitas. Olhem o nobre selvagem que os missionários do comércio e os comerciantes da religião ainda não corromperam com o cristianismo, a sífilis e o dogma do trabalho, e, em seguida, os miseráveis operadores de máquinas.[7]

---

7. Os exploradores europeus maravilhavam-se diante da beleza física e do porte altivo dos homens das populações primitivas, não aviltados pelo que Pæppig chamava de "sopro envenenado da civilização". Ao falar dos aborígenes das ilhas oceânicas, lorde George Campbell escreveu: "Não há povo no mundo mais impressionante à primeira vista. Sua pele lisa, suavemente acobreada, seus cabelos dourados e cacheados, sua bela e alegre figura, em uma palavra, sua pessoa toda constituía uma nova e esplêndida amostra do 'genus homo'; sua aparência física dava a impressão de uma raça superior à nossa". Os civilizados da Roma Antiga, os Césares, os Tácitos contemplavam com a mesma admiração os germanos das tribos comunitárias que invadiam o Império Romano. – Assim como Tácito, Salviano, o padre do século V, apelidado de "mestre dos bispos", usava os bárbaros como exemplo a ser seguido pelos civilizados e cristãos: "Somos impudicos em meio aos bárbaros, mais castos do que nós. Ademais, os bárbaros chocam-se com nossas impudicícias, os godos não toleram devassos de sua nação entre eles; entre eles, somente os romanos, pelo triste privilégio de sua nacionalidade e de seu nome, têm o direito de ser impuros. [Na época, a pederastia estava muito em voga entre pagãos e cristãos...] Os oprimidos vão buscar humanidade e abrigo com os bárbaros." (*De Gubernatione Dei*). – Assim como a velha civilização e o cristianismo nascente corromperam os bárbaros do velho mundo, a moderna civilização capitalista corrompe os selvagens do novo mundo.

O Sr. F. Le Play, cujo talento de observação temos de reconhecer, embora rejeitássemos suas conclusões sociológicas maculadas de prudhomismo filantrópico e cristão, diz em seu livro *Os operários europeus* (1885): "A propensão à preguiça dos baquires [pastores seminômades da encosta asiática do Ural], os lazeres da vida nômade e os hábitos de meditação que surgem nos indivíduos mais bem dotados costumam conferir-lhes uma distinção de maneiras, uma delicadeza de inteligência e um juízo que raramente observamos, nesse mesmo nível social, numa civilização mais desenvolvida... O que mais lhes repugna são as atividades agrícolas; fazem qualquer coisa, menos aceitar a profissão

Quando, em nossa Europa civilizada, quisermos encontrar um rastro de beleza nativa do homem, é preciso buscá-lo nas nações em que os preconceitos econômicos ainda não desarraigaram o ódio ao trabalho. A Espanha, que, infelizmente, está degenerando, ainda pode se gabar de possuir menos fábricas do que temos prisões e quartéis; mas o artista alegra-se ao admirar o atrevido andaluz, moreno como castanhas, reto e flexível como uma vara de aço; e o coração do homem estremece ao ouvir o mendigo, esplendidamente envolto em sua "capa" esburacada, chamar de "amigo" duques de Ossuna.[8] Para o espanhol, em quem o animal primitivo não se atrofiou, o trabalho é a pior das escravidões.[9] Até os gregos da grande época não tinham senão desprezo para com o trabalho; apenas aos escravos era permitido trabalhar: o homem livre somente conhecia os exercícios corporais e os jogos da inteligência. Aliás, era uma época em que se andava e respirava em meio a Aristóteles, Fídias, Aristófanes; era uma época em que um punhado de bravos esmagava, em Maratona, as hordas vindas da Ásia, a qual Alexandre logo conquistaria. Os filósofos da antiguidade ensinavam o desprezo pelo trabalho, essa degradação do homem livre; os poetas cantavam a preguiça, esse presente dos deuses:

---

de agricultor". O fato é que a agricultura é a primeira manifestação do trabalho servil na humanidade. Segundo a tradição bíblica, o primeiro criminoso, Caim, era agricultor.
8. As duas palavras aqui entre aspas estão em espanhol no original, também entre aspas. (N.T.)
9. O provérbio espanhol diz: "Descansar es salud" (Descansar é saúde).

O Melibœ, Deus nobis hæc otia fecit.[10]

Em seu sermão da montanha, Cristo apregoou a preguiça:

> Contemplem o crescimento dos lírios nos campos, não trabalham nem fiam e, entretanto, digo-lhes, Salomão, em toda sua glória, não se vestiu com maior brilho.[11]

Jeová, o Deus barbudo e rebarbativo, deu a seus adoradores um supremo exemplo de preguiça ideal; depois de seis dias de trabalho, descansou por toda a eternidade.

Em contrapartida, para quais raças o trabalho é uma necessidade orgânica? Os *auvergnats*;[12] os escoceses, esses *auvergnats* das ilhas britânicas; os galegos, esses *auvergnats* da Espanha; os pomerânios, esses *auvergnats* da Alemanha; os chineses, esses *auvergnats* da Ásia. Em nossa sociedade, quais classes amam o trabalho pelo trabalho? Os camponeses proprietários, os pequenos burgueses, uns curvados sobre suas terras e os outros agarrados às suas lojas, correm como toupeiras

---

10. "Ó Melibeu, um Deus nos deu essa ociosidade". Virgílio. *Bucólicas* (Ver *Apêndice*).
11. Mateus 6, 28-29.
12. Literalmente, os nascidos na região da Auvergne, no centro da França. Em Paris, os *auvergnats* costumavam ser donos de vendas de vinho e carvão. Eram reputados avaros, gananciosos e trabalhadores incansáveis. (N.T.)

em suas galerias subterrâneas e nunca levantam a cabeça para olhar a natureza à vontade.

E, entretanto, o proletariado, a grande classe que abarca todos os produtores das nações civilizadas, a classe que, ao se emancipar, emancipará a humanidade do trabalho servil e fará do animal humano um ser livre, o proletariado, traindo seus instintos, ignorando sua missão histórica, deixou-se perverter pelo dogma do trabalho. E o castigo veio a cavalo. Todas as misérias individuais e sociais nasceram de sua paixão pelo trabalho.

II

BÊNÇÃOS DO

TRABALHO

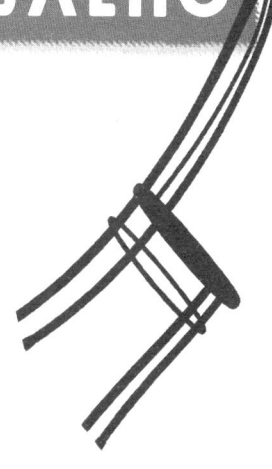

uando da sua publicação em Londres, em 1770, o escrito anônimo intitulado *An Essay on Trade and Commerce*[13] teve certa repercussão. Grande filantropo, seu autor indignava-se:

> O proletariado inglês enfiou na cabeça que, por serem ingleses, todos os indivíduos que o compõem têm, por direito de nascimento, o privilégio de serem mais livres e independentes do que os operários de qualquer outro país europeu. Essa ideia pode servir para soldados, pois estimula sua bravura; mas quanto menos os operários das fábricas estiverem imbuídos dela, melhor para eles e o Estado. Operários nunca deveriam se considerar independentes de seus superiores. É extremamente perigoso encorajar tais entusiasmos em um Estado comercial como o nosso, no qual, talvez, sete oitavos da população possuem pouca ou nenhuma propriedade. A cura não

---

13. Ensaio sobre negócios e comércio. (N.T.)

será completa enquanto nossos pobres da indústria não se resignarem a trabalhar seis dias pelo mesmo ordenado que recebem agora por quatro.

Assim, quase um século antes de Guizot[14], apregoava-se abertamente, em Londres, o trabalho como freio às nobres paixões do homem:

> Quanto mais meus povos trabalharem, menos vícios haverá, escrevia Napoleão, de Osterode, em 5 de maio de 1807. Sou a autoridade... e estaria disposto a ordenar que, aos domingos, após a missa, as lojas reabrissem e os operários voltassem ao trabalho.

Para extirpar a preguiça e vergar os sentimentos de orgulho e independência que gera, o autor do *Essay on Trade* propunha encarcerar os pobres em casas de trabalho ideais (*ideal workhouses*) que se tornariam:

> [...] casas de terror, nas quais se trabalharia quatorze horas por dia, de modo que, descontado o tempo das refeições, sobrariam doze horas de trabalho plenas e inteiras.

---

14. *François Guizot* (1787-1874): historiador e estadista francês. Suas obras contêm as primeiras tentativas de explicar a história do ponto de vista da luta de classes interpretada a partir de posições burguesas. Ocupou o cargo de Primeiro Ministro de 1840 a 1848. (N.T.)

Doze horas de trabalho por dia, eis o ideal dos filantropos e dos moralistas do século XVII. Ora, já ultrapassamos esse *nec plus ultra*! As oficinas modernas transformaram-se em casas de correção ideais, nas quais se encarceram as massas operárias, nas quais se condenam pessoas a trabalhos forçados, de doze a quatorze horas, não apenas homens, como também mulheres e crianças![15] Quem diria que os filhos dos heróis do Terror se deixariam degradar pela religião do trabalho a ponto de aceitar como conquista revolucionária, após 1848, a lei que limitava a doze horas o trabalho nas fábricas; proclamavam o "direito ao trabalho" como princípio revolucionário. Que vergonha para o proletariado francês! Apenas escravos teriam sido capazes de tal baixeza. Seriam necessários vinte anos de civilização capitalista para que um grego dos tempos heroicos conceituasse tal aviltamento.

E, se as dores do trabalho forçado, as torturas da fome, mais numerosas que os gafanhotos da Bíblia, acometem o proletariado é porque ele próprio as invocou.

---

15. No primeiro Congresso de Beneficência realizado em Bruxelas, em 1857, sob os aplausos dos presentes, um dos mais ricos manufatureiros da cidade de Marquette, perto de Lille, o Sr. Scrive contava, com a mais nobre satisfação do dever cumprido: "Introduzimos alguns meios de distração para as crianças. Ensinamos-lhes a cantar e a contar durante o trabalho: isso as distrai e faz com que aceitem com coragem essas doze horas de trabalho que são necessárias para lhes prover meios de existência". – Doze horas de trabalho, e que trabalho!, impostas a crianças que mal tinham doze anos! – Os materialistas sempre hão de lamentar que não exista um inferno para nele confinar esses cristãos, esses filantropos, carrascos da infância.

Esse trabalho, que, em junho de 1848, os operários reclamavam de armas em punho, impuseram-no às suas famílias; entregaram mulheres e filhos aos barões da indústria. Com as próprias mãos, destroçaram seu lar; com as próprias mãos, secaram o leite de suas mulheres: grávidas e aleitando seus bebês, as infelizes tiveram de ir às minas e às fábricas curvar a espinha e esgotar seus nervos; com as próprias mãos, destruíram a vida e o vigor dos filhos. – Que vergonha para os proletários! Onde estão aquelas comadres de quem falam os *fabliaux*[16] e velhos contos, licenciosas em suas falas, sem papas na língua, amantes da divina garrafa? E as donas alegres que não paravam de correr, cozinhar, cantar e semear vida ao gerar alegria e, sem dores, dar à luz crianças sadias e vigorosas?... Hoje temos as moças e mulheres de fábricas, flores débeis com cores pálidas, sangue sem esplendor, estômago degradado, membros frouxos!... Nunca conheceram o prazer robusto, e seriam incapazes de narrar radiantemente como lhes quebraram a concha! – E as crianças? Doze horas de trabalho para as crianças. Que miséria! – Nem todos os Jules Simon da Academia das Ciências Morais e Políticas, nem todos os Germiny da jesuitada teriam conseguido inventar um vício mais embrutecedor para a inteligência das crianças, mais corruptor de seus instintos, mais destruidor de seu organismo que o trabalho na atmosfera viciada da oficina capitalista.[17]

---

16. Contos populares satíricos ou morais em versos. (N.T.)
17. *Jules Simon* (1814-1896): filósofo e estadista. *Eugène Le Bègue de* Germiny (1841-1898): advogado e político. Expoente da direita católica parisiense. (N.T.)

Vivemos, dizem, no século do trabalho; na verdade, é o século da dor, da miséria e da corrupção.

Entretanto, todos os filósofos e economistas burgueses, desde o terrivelmente confuso Auguste Comte até o ridiculamente claro Leroy-Beaulieu; os literatos burgueses, desde o charlatanescamente romântico Victor Hugo até o ingenuamente grotesco Paul de Kock, entoaram cantos nauseabundos em honra do deus Progresso, o filho mais velho do Trabalho.[18] Segundo eles, a felicidade irá reinar na Terra: já se pode sentir sua chegada. Remontaram aos séculos passados para fuçar a poeira e a miséria feudais e relatar contrapontos sombrios às delícias dos tempos presentes.

– Como nos cansam esses saciados, esses satisfeitos que, ainda outrora, faziam parte da criadagem dos grandes senhores e hoje alugam a pena à burguesia por fartas rendas; como nos cansam com o camponês do retórico La Bruyère![19] Pois bem! Eis o brilhante quadro dos gozos proletários no ano do Progresso capitalista de 1840, pintado por um dos seus, o Dr. Villermé, membro do Instituto, aquele mesmo que, em 1848, ingressou na sociedade de eruditos (em que estavam Thiers, Cousin, Passy,

---

18. *Auguste Comte* (1798-1857): filósofo que fundou o positivismo. *Paul Leroy-Beaulieu* (1843-1916): economista e ensaísta. *Paul de Kock* (1793-1871): romancista, autor dramático e libretista. *Victor Hugo* (1802-1885): poeta, dramaturgo e proseador romântico, considerado um dos maiores escritores de língua francesa. (N.T.)
19. *La Bruyère* (1645-1696): escritor e moralista que, em seus "Caracteres", descreve os camponeses franceses como animais. (N.T.)

Blanqui, o acadêmico)[20] que propagou nas massas as asneiras da economia e da moral burguesas.

É da Alsácia manufatureira que fala o Dr. Villermé, da Alsácia dos Kestner, dos Dollfus, essas flores da filantropia e do republicanismo industrial. – Mas antes de deixar o doutor nos expor o quadro das misérias proletárias, escutemos um dono de manufatura alsaciano, o Sr. Th. Mieg, da casa Dollfus-Mieg e Cia, pintar a situação do artesão da antiga indústria:[21]

> Em Mulhouse, há cinquenta anos (em 1813, quando a moderna indústria mecânica estava nascendo), os operários eram todos filhos da terra, moradores da cidade ou das vilas dos arredores; quase todos possuíam uma casa e, muitas vezes, uma pequena roça.[22]

Era a idade de ouro do trabalhador. Contudo, na época, a indústria alsaciana não inundava o mundo com

---

20. *Villermé*: ver nota 23. *Thiers*: ver nota 3. *Victor Cousin* (1792-1867): filósofo espiritualista e político. *Hyppolite Passy* (1793-1880): economista e político. *Adolphe Jérôme Blanqui* (1798-1854): economista e político, irmão do anarquista Auguste Blanqui. (N.T.)
21. *Kestner, Dollfus, Mieg, Koechlin*: famílias de industriais, químicos e políticos muito influentes na região de Mulhouse (Alsácia). *Dollfus-Mieg et Compagnie*: empresa têxtil fundada em 1746 por Jean-Henri Dollfus com o nome Dollfus et Cie, rebatizada em 1800. (N.T.)
22. Discurso proferido na Sociedade Internacional de Estudos Práticos de Economia Social de Paris, em maio de 1863, publicado em *L'Économiste Français* da mesma época.

seus tecidos de algodão nem "emilhonava" seus Dollfus e Koechlin. Ora, vinte e cinco anos depois, quando Villermé visitou a Alsácia, o minotauro moderno, a oficina capitalista já havia conquistado a região; na sua bulimia de trabalho humano, tinha arrancado os operários de seus lares para melhor esprêmê-los e extrair o trabalho que continham. Eram aos milhares que os operários acorriam assim que a máquina apitava.

"Devido ao preço dos aluguéis, o número significativo de cinco mil (dos dezessete mil) trabalhadores", diz Villermé,

> [...] tinham de morar nas vilas vizinhas. Alguns viviam a duas léguas e um quarto [9 km] da manufatura em que trabalhavam.
> Em Mulhouse e Dornach, o trabalho começava às cinco da manhã e acabava às cinco da tarde, tanto no verão como no inverno.
> [...] É preciso vê-los chegar à cidade toda manhã e ir embora toda noite. Há, entre eles, uma profusão de mulheres pálidas, magras, que andam descalças na lama e, quando chove ou neva, por falta de guarda-chuva, usam seus aventais ou saiotes virados para cima, sobre a cabeça, para proteger o rosto e o pescoço, e um número mais considerável ainda de criancinhas não menos sujas, não menos definhadas, cobertas de trapos, untadas com o óleo dos teares que cai nelas enquanto trabalham. Estas últimas, mais bem protegidas

da chuva pela impermeabilidade de seus trajes, nem sequer carregam no braço, como as mulheres de que acabamos de falar, uma cesta com os mantimentos do dia; mas seguram na mão, ou escondem sob o casaco ou como podem, o pedaço de pão que deve alimentá-las até a hora de voltar para casa.

Assim, ao cansaço de uma jornada desmedidamente longa, pois dura pelo menos quinze horas, vem se somar, para esses infelizes, o tempo das idas e vindas tão frequentes, tão pesarosas. À noite, chegam em casa assolados pela necessidade de dormir e, no dia seguinte, saem antes de ter descansado completamente para estar na oficina na hora da abertura.

Quanto às taperas nas quais se amontoavam os que moravam na cidade, ele diz:

Vi, em Mulhouse, em Dornach e em casas vizinhas, miseráveis alojamentos onde, sobre a palha jogada em cima dos azulejos e contida por duas tábuas, duas famílias deitavam cada uma em um canto... De tão profunda, a miséria em que vivem os operários da indústria do algodão no departamento do Haut-Rhin produz esse triste resultado: enquanto, nas famílias de fabricantes e comerciantes de tecidos e dos diretores de fábricas, metade dos filhos chega aos 21 anos, nas famílias de tecelões e operários de algodoarias, essa mesma metade morre antes de completar dois anos de vida.

Ao falar do trabalho na oficina, Villermé acrescenta:

> Não é um trabalho, uma tarefa, é uma tortura, e infligem-na a crianças entre seis e oito anos. [...] É esse longo suplício cotidiano que mina, principalmente, os operários das algodoarias.

No tocante à duração do trabalho, Villermé observa que, nas penitenciárias, até os trabalhadores forçados trabalhavam apenas dez horas e os escravos das Antilhas, nove horas, em média, ao passo que na França, que fez a revolução de 1789, que proclamou os pomposos "Direitos Humanos", havia "[...] manufaturas em que a jornada durava dezesseis horas, com uma hora e meia para as refeições dos operários".[23]

Ó mísero aborto dos princípios revolucionários da burguesia! Ó lúgubre presente de seu deus Progresso! Os

---

23. L.R. Villermé. *Tableau de l'état physique et moral des ouvriers dans les fabriques de coton, de laine et de soie*, 1840. [Tradução livre.] Não era porque os Dollfus, Koechlin e outros fabricantes alsacianos eram republicanos, patriotas e filantropos protestantes que tratavam assim seus operários; pois Blanqui, o acadêmico, Reybaud, o protótipo de Jérôme Paturot, e Jules Simon, o faz-tudo político, constataram as mesmas amenidades para com a classe operária em fabricantes muito católicos e monárquicos de Lille e Lyon. Essas são virtudes capitalistas que se acomodam perfeitamente a toda e qualquer convicção política e religiosa.

filantropos aclamam como benfeitores da humanidade aqueles que, para se enriquecer preguiçando, dão trabalho aos pobres; seria melhor semear a peste, envenenar as nascentes, do que erigir uma fábrica em meio a uma população rústica. Introduzam o trabalho em fábricas e digam adeus à alegria, à saúde, à liberdade; adeus a tudo o que torna a vida bela e digna de ser vivida.[24]

E os economistas não param de repetir aos operários: "trabalhem para aumentar a riqueza social!". Entretanto, um economista, Destutt de Tracy, responde: "As nações pobres são aquelas nas quais o povo está à vontade; as nações ricas, aquelas nas quais costuma ser pobre".

E seu discípulo Cherbuliez acrescenta:

> Os próprios trabalhadores, ao cooperarem com a acumulação dos capitais produtivos, contribuem para o evento que, mais cedo ou mais tarde, deve privá-los de parte do seu salário.

---

24. Os índios das tribos belicosas do Brasil matam seus aleijados e velhos; provam sua amizade dando cabo a uma vida que não é mais alegrada por combates, festas e danças. Todos os povos primitivos davam aos seus essas provas de afeição: tanto os massagetas do Mar Cáspio (Heródoto) quanto os wens da Alemanha e os celtas da Gália. Nas igrejas da Suécia, ainda recentemente, conservavam malhos, ditos "malhos familiares", que serviam para livrar os pais das tristezas da velhice. Quão degenerados são os proletários modernos que aceitam pacientemente as assombrosas misérias do trabalho na fábrica!

Contudo, ensurdecidos e idiotizados pelos próprios berros, os economistas respondem: "Trabalhem, trabalhem sempre para criar seu bem-estar!". E, em nome da bondade cristã, um padre da Igreja anglicana, o reverendo Townshend, salmodia: "Trabalhem, trabalhem dia e noite; ao trabalhar, fazem crescer sua miséria, e sua miséria nos dispensa de impor-lhes o trabalho por força da lei". A imposição legal do trabalho

> [...] exige esforços demais, requer violência demais e faz estrondo demais; a fome, pelo contrário, é não somente uma pressão pacífica, silenciosa, incessante, como também, enquanto motivo mais natural do trabalho e da indústria, provoca esforços mais poderosos.

Trabalhem, trabalhem, proletários, para aumentar a riqueza social e sua miséria individual; trabalhem, trabalhem para que, ao se tornarem mais pobres, tenham mais razões para trabalhar e ser miseráveis. Tal é a lei inexorável da produção capitalista.

Pois, ao darem ouvidos às falácias dos economistas, os proletários entregaram-se de corpo e alma ao vício do trabalho e têm precipitado a sociedade inteira nessas crises industriais de superprodução que convulsionam o organismo social. Então, como há superabundância de mercadorias e penúria de compradores, as oficinas fecham e a fome açoita as populações operárias com seu chicote de mil tiras. Como não entendem que o sobretrabalho que infligiram a si mesmos na época de pretensa prosperidade é a causa de sua miséria presente, os proletários, embrutecidos pelo dogma do trabalho, em vez de correrem ao celeiro de trigo e gritarem: "Estamos com fome e queremos comer!... Está certo que não temos um vintém sequer, mas, por mais indigentes que sejamos, quem ceifou o trigo e colheu a uva fomos nós...". – Em vez de assediarem as lojas do Sr. Bonnet, o inventor dos conventos industriais, na cidade de Jujurieux, e bradarem[25]:

> Senhor Bonnet, aqui estão suas operárias ovalistas[26], *moulineuses*[27], fiandeiras, tecelãs... Estão tremendo de frio sob seus tecidos de algodão a tal ponto remendados que fariam doer os olhos de um judeu, e, entretanto, foram elas que fiaram e teceram os vestidos de seda das peruas de toda a cristandade. Quando labutavam treze horas por dia, as coitadas não tinham tempo para pensar no que vestir, mas agora que estão desempregadas, podem fazer farfalhar as sedas que produziram. Desde que perderam os dentes de leite, dedicaram-se à fortuna do senhor e viveram na abstinência; agora, têm lazer e querem go-

---

25. *Claude-Joseph Bonnet* (1786-1867): industrial, fabricante de seda. Jujurieux: cidade natal de Claude-Joseph Bonnet, a cerca de 70 km ao nordeste de Lyon, onde fundou a Maison Bonnet em 1810. (N.T.)
26. *Ovalistas*: aquelas que preparavam as sedas destinadas à fabricação de meias utilizando um tear oval. (N.E.)
27. *Moulineuse*: operária que preparava o organismo. (N.T.)

zar um pouco dos frutos do próprio trabalho. Vamos, senhor Bonnet, entregue suas sedas, o Sr. Harmel proverá as musselinas, o Sr. Pouyer-Quertier, os calicôs, o Sr. Pinet, as botinas para seus queridos pezinhos frios e úmidos... Assim, vestidas dos pés à cabeça e vistosas, encherão seus olhos. Vamos, nada de tergiversações. – É amigo da humanidade, não é? E cristão, além do mais? – Disponibilize para as suas operárias a fortuna que lhe edificaram com a carne de sua carne. – É amigo do comércio? – Facilite a circulação das mercadorias; são consumidoras ideais; conceda-lhes créditos ilimitados. É obrigado a fazê-lo com negociantes que nunca viu mais gordos, que nunca lhe deram nada, nem sequer um copo d'água. Suas operárias pagarão como puderem: se, no dia do vencimento, dão às pernas e deixam protestar seus nomes, o senhor requererá sua falência e, se nada tiverem que possa confiscar, exigirá que o paguem em rezas: mandarão o senhor para o paraíso bem mais certamente que essas batinas pretas com nariz cheio de tabaco.

Em vez de aproveitar os momentos de crise para criar uma distribuição geral dos produtos e um regozijo universal, os operários, morrendo de fome, vão bater com a cabeça nas portas da oficina. Com figuras definhadas, corpos emagrecidos, discursos lastimáveis, assediam os fabricantes: "Meu bom Sr. Chagot, meu doce

Sr. Schneider, deem-nos trabalho, não é a fome, mas a paixão pelo trabalho, que nos aflige!"[28]. E esses miseráveis, que mal conseguem ficar de pé, vendem doze, quatorze horas de trabalho por metade do que ganhavam quando tinham muito trabalho. E os filantropos da indústria não perdem essa oportunidade de produzir com menor custo.

As crises industriais, que sucedem a períodos de sobretrabalho tão fatalmente quanto as noites aos dias, trazem na sua esteira não apenas desemprego forçado e miséria sem saída, como também bancarrotas inexoráveis. Enquanto o fabricante tem crédito, dá rédea a esse anseio por trabalho e contrai mais empréstimos para fornecer matéria-prima aos operários. Manda produzir, sem ponderar que o mercado está ficando entulhado e que, mesmo quando suas mercadorias não se vendem, suas promissórias acabam vencendo. Acuado, vai implorar ao judeu, cai a seus pés, oferece seu sangue, sua honra. "Preferia um tanto de ouro", responde o Rothschild, "[...] e já que tens 20.000 pares de meias-calças em estoque, cada qual valendo vinte soldos, compro por quatro cada". Assim que as compra, o judeu as revende por seis, oito soldos cada e embolsa vivas moedas de cem soldos que nada devem a ninguém: entretanto, o fabricante apenas ganhou algum fôlego. Finalmente, chega o colapso e devem-se esvaziar os armazéns; jogam-se, então, tantas mercadorias pelas janelas, que mal dá para entender

---

28. *Louis Chagot* (1801-1877): político e industrial. *Joseph Eugène Schneider* (1805-1875): político e industrial, criador dos *Maîtres de Forges du Creusot*. (N.T.)

como entraram pelas portas. São centenas de milhões de mercadorias destruídas; no século passado, eram queimadas ou jogadas na água.[29]

Mas antes de chegar a essa conclusão, os fabricantes percorrem o mundo em busca de oportunidades para as mercadorias que se amontoam; forçam o governo a anexar Congos, a se apossar de Tonkins, a derrubar as muralhas da China com canhões, para ali escoar seus tecidos de algodão. Os séculos passados presenciaram um duelo de morte entre França e Inglaterra, para saber quem teria o privilégio exclusivo de vender nas Américas e nas Índias. Milhares de homens jovens e vigorosos tingiram os mares com sangue durante as guerras coloniais dos séculos XVI, XVII e XVIII.

Como mercadorias, capitais abundam. E os financeiros nem sabem mais onde investi-los; então, desembarcam em nações felizes, que se espreguiçam ao sol fumando cigarros, para construir ferrovias, erigir fábricas e importar a maldição do trabalho. E essa exportação de capitais franceses acaba, um belo dia, em complicações diplomáticas: no Egito, a França, a Inglaterra e a Alemanha quase chegaram às vias de fato para saber quais usurários seriam pagos primeiro; ou em guerras no México,

---

29. No Congresso Industrial realizado em Berlim em 21 de janeiro de 1879, estimou-se em 568 milhões de francos a perda sofrida pela indústria do ferro na Alemanha durante a última crise.

nas quais enviam soldados franceses para fazer as vezes de oficial de justiça e cobrar dívidas podres.[30]

Essas misérias individuais e sociais, por maiores e mais numerosas que sejam, por mais eternas que pareçam, desvanecerão como hienas e chacais com a chegada do leão, quando o proletariado disser: "Assim quero.". Contudo, para alcançar a consciência de sua força, o proletariado deve calcar aos pés os preconceitos da moral cristã, econômica, livre pensadora; deve voltar a seus instintos naturais e proclamar os "Direitos da Preguiça", que são mil vezes mais nobres e sagrados que os tísicos "Direitos Humanos", elaborados por advogados metafísicos da revolução burguesa; obrigar-se a trabalhar apenas três horas por dia, a preguiçar e fazer farra o resto do dia e da noite.

Até agora, minha tarefa tem sido fácil: apenas descrevi males reais que, infelizmente, todos conhecemos muito bem! Entretanto, convencer o proletariado de que

---

30. Em 6 de abril de 1880, o jornal *La Justice*, do Sr. Clemenceau, declarou em seu caderno de finanças: "Ouvimos sustentarem essa opinião de que, mesmo sem a Prússia, os bilhões da guerra de 1870 teriam sido 'perdidos do mesmo jeito' para a França, na forma de empréstimos periodicamente emitidos para o equilíbrio dos orçamentos estrangeiros; tal é também nossa opinião.". Estima-se em cinco bilhões a perda de capitais ingleses em empréstimos contraídos pelas Repúblicas da América do Sul. Os trabalhadores franceses não apenas produziram os cinco bilhões pagos ao Sr. Bismarck; mas continuam servindo aos interesses da indenização de guerra dos Ollivier, Girardin, Bazaine e de outros portadores de títulos de renda que levaram à guerra e à derrota. Entretanto, resta-lhes um consolo: esses bilhões não ocasionarão uma guerra para cobrá-los.

a moral que lhe inculcaram é perversa, de que o trabalho desenfreado ao qual vêm se entregando desde o início do século é o pior flagelo que jamais assolou a humanidade, de que o trabalho apenas se tornará um condimento do prazer da preguiça, um exercício benéfico para o organismo humano, uma paixão útil ao organismo social quando for sabiamente regulado e limitado a um máximo de três horas por dia, essa é uma tarefa árdua, acima de minhas forças; apenas fisiologistas, higienistas, economistas comunistas poderiam empreendê-la. Nas páginas a seguir, limito-me a demonstrar que, tendo em conta os meios de produção modernos e seu poder reprodutivo ilimitado, é preciso domar a paixão extravagante dos operários pelo trabalho e obrigá-los a consumir as mercadorias que produzem.

III

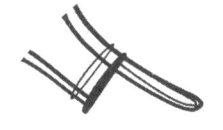

O QUE SE SEGUE À SUPERPRODUÇÃO

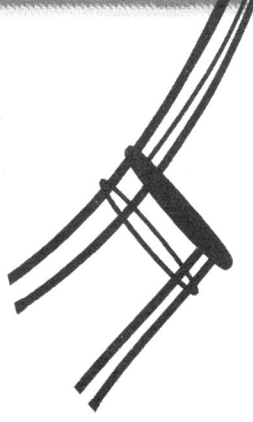

Um poeta grego do tempo de Cícero, Antiparos,[31] cantava assim a invenção do moinho de água (para moer grãos): o moinho emanciparia as escravas e traria de volta a idade de ouro:

> Poupem o braço que faz a mó girar, ó moleiras, e durmam em paz! Tomara o galo lhes avise em vão que o dia nasceu! Dao[32] impôs às ninfas o trabalho dos escravos e eis que saltitam alegremente sobre a roda e eis que o eixo posto em movimento roda com seus raios, fazendo girar a pesada pedra rolante. Vivamos a vida de nossos pais e, ociosos, regozijemo-nos dos dons que a deusa concede.

Infelizmente, os lazeres anunciados pelo poeta pagão não advieram; a paixão cega, perversa e homicida

---

31. Não existe poeta chamado Antiparos. Essa grafia, devida a um erro tipográfico, antes de Lafargue, transmitiu-se de livros em livros. Trata-se de Antípatro (de Tessalônica), mais comumente chamado de Antipater, como faziam os romanos, e cuja peça está em *L'Anthologie palatine* (IX, 418). [Tradução livre.]
32. Um dos nomes de Ceres, deusa das colheitas.

pelo trabalho transformou a máquina libertadora em instrumento de vassalagem dos homens livres: sua produtividade os empobrece.

Uma boa operária tricota apenas cinco malhas por minuto, no fuso, enquanto certos teares circulares fazem 30 mil nesse mesmo tempo. Cada minuto da máquina equivale, portanto, a cem horas de trabalho de uma operária; ou então, cada minuto de trabalho da máquina corresponde a dez dias de descanso para a operária. O que vale para a indústria de malhas vale mais ou menos para todas as indústrias renovadas pela mecânica moderna. – Mas o que vemos? À medida que a máquina se aperfeiçoa e executa o trabalho do homem com rapidez e precisão cada vez maiores, o operário, em vez de prolongar seu descanso proporcionalmente, redobra de ardor, como se quisesse rivalizar com a máquina. Ó concorrência absurda e assassina!

Para que a concorrência entre homem e máquina pudesse deslanchar, os proletários aboliram as sábias leis que limitavam o trabalho dos artesãos das antigas corporações; suprimiram os feriados.[33] Será que passaram a

---

33. Sob o Antigo Regime, as leis da Igreja garantiam ao trabalhador 90 dias de descanso (52 domingos e 38 feriados) durante os quais era terminantemente proibido trabalhar. Era o grande crime do catolicismo, a causa principal da irreligião da burguesia industrial e comercial. Depois da Revolução, assim que esteve no controle, esta aboliu os feriados e substituiu a semana de sete dias pela de dez. Livrou os operários da opressão da Igreja para melhor submetê-los à do trabalho. O ódio pelos feriados apenas surgiu quando a moderna burguesia industrial e comercial tomou corpo, entre os séculos XV e XVI. O rei Henrique IV pediu ao Papa que diminuísse o seu número; este

acreditar, como contam os economistas mentirosos, que, uma vez que os produtores de então trabalhavam apenas cinco dias por semana, viviam de sombra e água fresca? Ora essa! Tinham lazeres para provar as alegrias da terra, fazer amor, rir e banquetear alegremente em honra do regozijante deus da Preguiça. Envolta em protestantismo, a lúgubre Inglaterra era então denominada de "alegre Inglaterra" ("*Merry England*"). – Rabelais, Quevedo, Cervantes e os autores desconhecidos dos romances picarescos nos dão água na boca com suas pinturas desses monumentais rega-bofes[34], nos quais todos se deliciavam,

---

recusou porque "[...] uma das heresias que circulam hoje em dia, diz respeito às festas" (*Lettres* do Cardeal d'Ossat). Mas, em 1666, Péréfixe, o arcebispo de Paris, suprimiu 17 deles em sua diocese. O protestantismo, que era a religião cristã ajustada às novas necessidades industriais e comerciais da burguesia, pouco se preocupou com o descanso popular; destronou santos do céu para abolir suas festas na Terra. A reforma religiosa e o livre pensamento filosófico não passaram de pretextos para que a burguesia jesuíta e rapace pudesse surrupiar dias de festa da população.

34. Essas festas pantagruélicas duravam semanas. Don Rodrigo de Lara ganhou sua noiva por ter expulsado os mouros de Calatrava, a velha, e o "*Romancero*" narra que:

> *Las bodas fueron en Burgos,*
> *Las tornabodas en Salas:*
> *En bodas y tornabodas*
> *Pasaron siete semanas*
> *Tantas vienen de las gentes,*
> *Que no caben por las plazas...*

(As bodas foram em Burgos / As tornabodas em Salas: / Em bodas e tornabodas / Passaram-se sete semanas / Tantas pessoas acorrem / Que não cabem nas praças...)

Os homens dessas bodas de sete semanas eram os heroicos soldados das guerras da independência.

então, entre duas batalhas e duas devastações e "tudo era servido aos montes". Jordaens e a escola flamenga os mostraram em suas alegres telas. O que foi feito dos sublimes estômagos gargantuescos? O que foi feito dos sublimes cérebros que abarcavam todo o pensamento humano? Somos muito diminuídos e degenerados. O pão que o diabo amassou, as batatas, o vinho com fucsina e o *schnapps* prussiano sabiamente combinados com o trabalho forçado debilitaram nosso corpo e apequenaram nosso espírito. Foi então que o estômago do homem encolheu e a máquina ampliou sua produtividade, foi então que os economistas nos apregoaram a teoria malthusiana, a religião da abstinência e o dogma do trabalho? Deveríamos arrancar-lhes a língua e jogá-la aos cães!

Porque a classe operária, com sua boa fé simplista, deixou-se doutrinar; com sua impetuosidade nativa, precipitou-se às cegas no trabalho e na abstinência, e a classe capitalista viu-se condenada à preguiça e ao gozo forçados, à improdutividade e ao consumo excessivo. Mas, assim como o sobretrabalho machuca a carne do operário e atanaza seus nervos, também é fecundo em dores para o burguês.

A abstinência à qual a classe produtiva se condenou obriga os burgueses a se dedicarem ao consumo excessivo dos produtos que aquela manufatura desordenadamente. No início da produção capitalista, um ou dois séculos atrás, o burguês era um homem pacato, com hábitos razoáveis e sossegados; contentava-se com a esposa ou quase; apenas bebia e comia para se saciar. Deixava aos cortesãos e às cortesãs as nobres virtudes da devassidão. Atualmente, todo e qualquer filho de *parvenu* acredita ter de desenvolver a prostituição e mercurializar o próprio corpo para dar sentido ao labor que os mineiros de mercúrio impõem a si mesmos; todo e qualquer burguês empanturra-se de capões trufados e de Lafitte navegado, para encorajar os avicultores de La Flèche e os viticultores da região de Bordeaux. Nesse ofício, o organismo degrada-se rapidamente: os cabelos caem, os dentes se soltam, o tronco se deforma, a barriga cresce, a respiração se embaraça, os movimentos ficam pesados, as articulações, ancilosadas, os dedos, nodosos. Outros, franzinos demais para aturar as fadigas da devassidão, mas com bossa para tudo o que é prudhommesco, ressecam o próprio cérebro como os Garnier da economia política, os Acollas da filosofia jurídica, para lucubrar soporíficos calhamaços que ocupam os lazeres de tipógrafos e impressores.[35]

As mulheres da alta sociedade levam uma vida de martírio. Para provar e valorizar os trajes feéricos que costureiras se matam fabricando, passam de vestido em vestido do cair da noite até a manhã; durante horas, entregam a cabeça oca a artistas capilares que, custe o que custar, querem saciar sua paixão pela confecção de puxos postiços. Cingidas em seus espartilhos, apertadas em suas botinas, com decotes de fazer corar um monge de pedra, rodopiam a noite toda em seus bailes de caridade para angariar alguns vinténs para o pobre mundo. Santas almas!

---

35. *Joseph Garnier* (1813-1881): economista e político. *Émile Acollas* (1826-1891): jurisconsulto. (N.T.)

Para cumprir sua dupla função social de não produtor e superconsumidor, o burguês teve não somente de violentar seus gostos modestos, perder seus hábitos trabalhadores de dois séculos atrás e entregar-se ao luxo desenfreado, às indigestões trufadas e às devassidões sifilíticas, mas também subtrair ao trabalho produtivo uma massa enorme de homens para conseguir ajudantes.

Seguem números que comprovam o quão colossal é esse desperdício de forças produtivas. Segundo o censo de 1861, a população da Inglaterra e do País de Gales era de 20.066.224 pessoas: 9.776.259 do sexo masculino e 10.289.965 do sexo feminino. Se descontarmos os que são velhos ou jovens demais para trabalhar, as mulheres, os adolescentes e as crianças improdutivos, as profissões "ideológicas", como as do governo, da polícia, do clero, da magistratura, do exército, da prostituição, das artes, das ciências etc., além das pessoas exclusivamente ocupadas em comer o trabalho dos outros na forma de arrendamentos, juros, dividendos etc., restam, aproximadamente, 8 milhões de indivíduos de ambos os sexos e de todas as idades, incluindo os capitalistas que trabalham na produção, no comércio, na finança etc. Nesses 8 milhões, temos:

> Trabalhadores agrícolas
> (incluindo os pastores, os lavradores
> e as criadas que moram na fazenda): ... 1.098.261
> Operários das manufaturas de algodão,
> lã, cânhamo, linho, seda e tricô: 642.607
> Mineiros de carvão e metal: 565.835

Metalúrgicos
(altos-fornos, laminadores etc.): 396.998
Classe doméstica: 1.208.648

> Se somarmos o número de trabalhadores das manufaturas têxteis e das minas de carvão e metal, obtemos 1.208.442 pessoas; se somarmos o número dos primeiros e do pessoal de todas as metalúrgicas, temos um total de 1.039.605 pessoas; isto é, nos dois casos, um número menor do que o dos modernos escravos domésticos. Eis o magnífico resultado da exploração capitalista das máquinas.[36]

A toda essa classe doméstica, cujo tamanho indica o grau atingido pela civilização capitalista, é preciso acrescentar a classe numerosa dos infelizes dedicados exclusivamente à satisfação dos gostos dispendiosos e fúteis das classes ricas: lapidadores de diamantes, rendeiras, bordadeiras, encadernadores de luxo, costureiras de luxo, decoradores de casas de recreio etc.[37]

---

36. Karl Marx. *O capital.* Livro primeiro, capítulo XV, § 6.
37. "A proporção da população de um país empregada como domésticos a serviço das classes abastadas indica seu progresso em riqueza nacional e civilização." (R. M. Martin, *Ireland before and after the Union*, 1818). [Tradução livre.] Gambetta, que negou a questão social assim que deixou de ser o advogado necessitado do Café Procope, provavelmente falava dessa classe doméstica insistentemente crescente quando reclamava o advento das novas camadas sociais.

Uma vez aviltada na preguiça absoluta e desmoralizada pelo gozo forçado, a burguesia, apesar do quanto isto lhe custou, acomodou-se a tal ponto com seu novo modo de vida que considera com horror qualquer perspectiva de mudança. A visão das miseráveis condições de existência aceitas com resignação pela classe operária e a da degradação orgânica decorrente da paixão depravada pelo trabalho aumentaram mais ainda sua repulsa por toda a imposição de trabalho e restrição de gozos.

Foi justamente então que, sem levar em conta a desmoralização que a burguesia havia se imposto como dever social, os proletários meteram na cabeça que deviam infligir o trabalho aos capitalistas. Ingênuos, levaram a sério as teorias de economistas e moralistas sobre o trabalho e não pouparam esforços para infligir tal prática aos capitalistas. O proletariado adotou o lema: "Quem não trabalha, não come"; Lyon, em 1831, insurgiu-se por "chumbo ou trabalho", os federados de março de 1871 chamaram seu levante de "Revolução do Trabalho".

A esses surtos de furor bárbaro, que destroem todo gozo e toda preguiça burgueses, os capitalistas apenas podiam responder com repressão feroz; mas sabem que, mesmo que tenham conseguido conter essas explosões revolucionárias, não afogaram, no sangue de seus massacres gigantescos, a absurda ideia do proletariado de querer infligir o trabalho às classes ociosas e saciadas, e, para evitar essa infelicidade, cercaram-se de pretorianos, policiais, magistrados e carcereiros mantidos em uma laboriosa improdutividade. Não se pode mais entreter ilusões quanto à natureza dos exércitos modernos, que não são sustentados em permanência senão para comprimir "o inimigo interno"; do mesmo modo, as praças-fortes de Paris e Lyon foram construídas para esmagá-lo em caso de revolta, não para defender a cidade contra o estrangeiro. E se precisássemos de um exemplo incontestável, citaríamos o exército da Bélgica, dessa terra de abundância do capitalismo; embora sua neutralidade seja garantida pelas potências europeias, seu exército é um dos mais fortes em relação à população. Os gloriosos campos de batalha do corajoso exército belga são as planícies do Borinage e de Charleroi;[38] é no sangue dos mineiros e dos operários desarmados que os oficiais belgas banharam suas espadas e conquistaram seus galões. As nações europeias não têm exércitos nacionais, mas exércitos mercenários, que protegem os capitalistas contra o furor popular que quer condená-los a passar dez horas em uma mina ou indústria têxtil.

Portanto, ao apertar o cinto, a classe operária desenvolveu demasiadamente a barriga da burguesia condenada ao consumo excessivo.

Para aliviar seu pesaroso trabalho, a burguesia retirou da classe operária uma massa de homens muito mais numerosa do que aquela que continuava se dedicando à produção útil e condenou-a, por sua vez, à improdutividade e ao consumo excessivo. Entretanto, esse rebanho de bocas inúteis, apesar da insaciável voracidade, não

---

38. Regiões mineiras (carvão) que seriam o palco da chamada "Insurreição Valona" de 1886, que seria duramente reprimida pelo exército. (N.T.)

basta para consumir todas as mercadorias que, embrutecidos pelo dogma do trabalho, os operários produzem como maníacos, sem querer consumi-las e sem sequer pensar se haverá quem as consuma.

Perante essa dupla loucura dos trabalhadores, matar-se com sobretrabalho e vegetar na abstinência, o grande problema da produção capitalista não é mais o de encontrar produtores e decuplicar forças, mas descobrir consumidores, instigar seus apetites e criar-lhes necessidades factícias. Uma vez que os operários europeus, embora tremam de frio e de fome, recusam-se a vestir os estofos que fabricam e a beber os vinhos que colhem, os pobres fabricantes têm de sair em disparada até os antípodas, para encontrar quem os vista e quem os beba: são centenas de milhões e bilhões que a Europa exporta, todo ano, para os quatro cantos do mundo, para populações que nem sabem o que fazer com eles.[39] Contudo, os continentes explorados já não são mais vastos o bastante, e países virgens são necessários. Os fabricantes da Europa sonham sem parar com a África, com o lago saariano, com a estrada de ferro do Sudão; ansiosos, acompanham os progressos dos Livingstone, Stanley, du Chaillu, de Brazza;[40] boquiabertos,

---

39. Dois exemplos: o governo inglês, para agradar aos camponeses indianos, que, apesar da fome periódica que assola o país, teimam em cultivar papoula em vez de arroz ou trigo, teve de travar guerras sangrentas e impor ao governo chinês a livre introdução do ópio indiano. Os selvagens da Polinésia, apesar da consequente mortandade, tiveram de se vestir e se embebedar à moda inglesa para consumir os produtos das destilarias da Escócia e das oficinas de tecelagem de Manchester.
40. Famosos exploradores europeus do século XIX. (N.T.)

escutam as histórias mirabolantes desses corajosos viajantes. Quantas maravilhas desconhecidas o "continente negro" não encerra? Campos plantados com dentes de elefantes, rios de óleo de coco carregando palhetas de ouro e milhões de bundas negras, nuas como a face de Dufaure ou de Girardin, à espera dos tecidos de algodão, para aprender o que a decência é, e de garrafas de *schnapps* e bíblias para conhecer as virtudes da civilização.[41]

Mas nada disso basta: burgueses que se empanturram, classe doméstica mais numerosa do que classe produtiva, nações estrangeiras e bárbaras que entupimos com mercadorias europeias; nada, nada pode escoar as montanhas de produtos que se amontoam, mais altas e enormes do que as pirâmides do Egito: a produtividade dos operários europeus desafia qualquer consumo, qualquer desperdício. Em pânico, os fabricantes não sabem mais para quem apelar, não encontram mais matéria-prima para saciar a paixão desenfreada, depravada, de seus operários pelo trabalho. Nos departamentos produtores de lã, há quem desfie panos sujos e meio podres para fazer lenços ditos "renascença", que têm a duração das promessas eleitorais; em Lyon, em vez de manter a simplicidade e a flexibilidade natural da fibra de seda, sobrecarregam-na de sais minerais e, ao lhe darem mais peso, a tornam friável e pouco útil. Todos os produtos são adulterados para facilitar seu escoamento e diminuir sua longevidade. Nossa época será chamada de "Idade

---

41. *Jules Dufaure* (1798-1881): político de orientação liberal, foi várias vezes ministro. *Émile de Girardin* (1802-1881): jornalista e homem político. (N.T.)

da Falsificação", assim como as primeiras épocas da humanidade receberam os nomes de "Idade da Pedra" ou "Idade do Bronze" por conta da produção. Ignorantes acusam nossos pios industriais de fraude, quando, na realidade, o pensamento que os move é o de dar trabalho aos operários, os quais não conseguem se resignar a viver de braços cruzados. Por mais que sejam desastrosas para a qualidade das mercadorias, por mais que sejam uma fonte inesgotável de desperdício do trabalho humano, essas falsificações, cujo único móvel é um sentimento humanitário, embora rendam gordos lucros aos fabricantes que as praticam, comprovam a filantrópica engenhosidade dos burgueses e a horrível perversão dos operários que, para saciar seu vício pelo trabalho, obrigam os industriais a sufocar os gritos de sua consciência e, até mesmo, violar as leis da honestidade comercial.

E, entretanto, apesar da superprodução de mercadorias, das falsificações industriais, os operários entulham o mercado aos montes, implorando: trabalho! trabalho! Sua superabundância, em vez de obrigá-los a refreá-la, leva, pelo contrário, a sua paixão ao paroxismo. Basta surgir uma oportunidade de trabalho para que se precipitem; então são doze, quatorze horas que exigem para se saciarem e, no dia seguinte, vão parar de novo no olho da rua, sem mais nada para alimentar seu vício. Todos os anos, em todas as indústrias, o desemprego volta com a regularidade das estações. Ao sobretrabalho assassino para o organismo sucede o repouso absoluto, durante dois, quatro meses; e sem trabalho, nada de comida. O vício do trabalho, cujas exigências abafam todos os outros instintos da natureza, está diabolicamente arraigado no coração dos operários; uma vez que a quantidade de trabalho requerida pela sociedade é necessariamente limitada pelo consumo e pela disponibilidade de matéria-prima, por que devorar em seis meses o trabalho do ano todo? Por que não distribuí-lo uniformemente por doze meses e forçar os operários a se contentarem com seis ou cinco horas por dia, o ano todo, em vez de indigestões de doze horas durante seis meses? Uma vez garantida sua cota diária de trabalho, os operários não mais se invejarão, não mais brigarão para arrancar o trabalho das mãos e o pão da boca uns dos outros; então, com o corpo e o espírito descansados, começarão a praticar as virtudes da preguiça.

Bestificados por seu vício, os operários não conseguiram alçar-se à compreensão de que, para que todos tenham trabalho, é preciso racioná-lo como água em um navio em perdição. Entretanto, há muito, alguns industriais pedem uma limitação legal da jornada de trabalho em nome da exploração capitalista. Perante a comissão de 1860, sobre ensino profissional, um dos maiores usineiros da Alsácia, o Sr. Bourcart, da cidade de Guebwiller, declarou:

> Que a jornada de doze horas era excessiva e devia ser reduzida a onze horas, que se devia interromper o trabalho às duas aos sábados. Aconselho a adoção dessa medida, embora possa parecer onerosa à primeira vista, pois há quatro anos a estamos experimentando

em nossos estabelecimentos industriais e não nos prejudicou; de fato, longe de ter diminuído, a produção média aumentou.

No seu estudo sobre "as máquinas", o Sr. F. Passy cita a seguinte carta de um grande industrial belga, o Sr. M. Ottavaere:

> Nossas máquinas, embora iguais às das indústrias de fiação inglesas, não produzem o que deveriam produzir e o que produziriam essas mesmas máquinas na Inglaterra, embora, ali, as indústrias de fiação trabalhem duas horas a menos por dia...
> Todos trabalhamos "duas longas horas demais"; estou convicto de que se trabalhássemos onze horas em vez de treze, teríamos a mesma produção e, por conseguinte, produziríamos mais economicamente.

Por sua vez, o Sr. Leroy-Beaulieu[42] afirma que: "Um grande manufatureiro belga observou que as semanas com feriado não têm uma produção inferior à das semanas normais.".

O que o povo, ludibriado em sua simplicidade pelos moralistas, nunca ousou, um governo aristocrático fez. Desprezando as elevadas considerações morais

---

42. *Pierre Paul Leroy-Beaulieu* (1843-1916): economista e ensaísta. (N.T.)

e industriais dos economistas, que, como aves de mau agouro, vivem grasnando que diminuir em uma hora o trabalho nas fábricas significa decretar a ruína da indústria inglesa, o governo da Inglaterra proibiu por uma lei, rigorosamente observada, que se trabalhasse mais de dez horas por dia; e, assim como antes, a Inglaterra continuou sendo a primeira nação industrial do mundo.

Essa é a grande experiência inglesa; essa é a experiência de alguns capitalistas inteligentes: ambas demonstram irrefutavelmente que, para incrementar a produtividade humana, é preciso reduzir as horas de trabalho e multiplicar os dias pagos e festivos, mas o povo francês não se convenceu. Ora, se uma miserável redução de duas horas aumentou em quase um terço a produção inglesa em dez anos,[43] que ritmo vertiginoso uma redução legal da jornada de trabalho para três horas não imprimiria à produção francesa? Será que os operários não conseguem compreender que, ao se matarem no trabalho, esgotam suas forças e as de sua prole? Que, desgastados, chegam à incapacidade de trabalho antes da hora? Que, absortos em um único vício que os embrutece, não são mais homens, mas pedaços de homens; que destroem em si todas as lindas faculdades

---

43. Eis, segundo o famoso estatístico R. Giffen, do *Escritório de Estatísticas de Londres*, a progressão crescente da riqueza nacional da Inglaterra e da Irlanda em:
    1814 – 55,00 bilhões de francos
    1865 – 62,50 bilhões de francos
    1875 – 212,50 bilhões de francos.

para apenas deixar em pé, luxuriante, a loucura furibunda pelo trabalho?

Ah! Como papagaios da Arcádia, repetem a lição dos economistas: "Trabalhemos, trabalhemos para aumentar a riqueza nacional". Idiotas! É porque trabalham demais que o ferramental industrial se desenvolve lentamente. Parem de bramar e escutem um economista; não é nenhuma águia, é apenas o Sr. L. Reybaud, que tivemos a felicidade de perder uns meses atrás:

> São as condições da mão de obra que costumam regular a revolução nos métodos de trabalho. Enquanto a mão de obra fornecer seus serviços a baixo custo, gastam-na sem moderação; busca-se poupá-la quando seus serviços se tornam mais caros.[44]

Para forçar os capitalistas a aperfeiçoar suas máquinas de madeira e ferro, é preciso aumentar os salários e diminuir as horas de trabalho das máquinas de carne e osso. Querem provas? Existem centenas delas. Na indústria da fiação, o tear automático ("*self acting mule*") foi inventado e aplicado em Manchester porque os fiadeiros se recusavam a trabalhar tanto tempo quanto antes.

Na América, máquinas invadiram todos os ramos da produção agrícola, desde a fabricação de manteiga

---

44. Louis Reybaud, *Le coton, son regime, ses problèmes*, 1863. [Tradução livre.]

até a sachadura dos trigos: por quê? Porque o americano, livre e preguiçoso, preferiria mil mortes à vida de gado do camponês francês. A lavra, tão penosa em nossa gloriosa França, tão rica em dores musculares, é, no Oeste americano, um agradável passatempo ao ar livre que se pratica sentado, fumando despreocupadamente um cachimbo.

IV

NOVA MELODIA,

LETRAS NOVAS

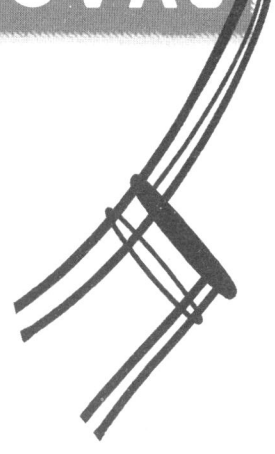

Se diminuir as horas de trabalho fez a produção social angariar novas forças mecânicas, obrigar os operários a consumir seus produtos, conseguiria um imenso exército de força de trabalho. A burguesia, então desonerada de sua tarefa de consumidor universal, tratará logo de despedir o mundaréu de soldados, magistrados, jornalistas inescrupulosos, proxenetas etc., que retirou do trabalho útil para ajudá-la a consumir e desperdiçar. Então, o mercado do trabalho transbordará e será necessária uma lei de ferro para proibir o trabalho: será impossível encontrar ocupação para essa massa de ex--improdutivos, mais numerosos que cupins. Em seguida, será preciso pensar em todos aqueles que lhes proviam as necessidades e gostos fúteis e dispendiosos. Quando não houver mais lacaios nem generais a quem dar galões, nem prostitutas livres e casadas a quem cobrir de rendas, nem canhões a usinar, nem palácios a construir, será preciso, com leis severas, impor às operárias e aos operários das passamanarias, das rendas, do ferro, da construção, a prática da canoagem higiênica e de exercícios coreográficos para o restabelecimento de sua saúde e o aperfeiçoamento da raça. Uma vez que os produtos europeus, consumidos no local, não serão mais transportados para os quatro cantos do mundo, será preciso que marinheiros, ferroviários e caminhoneiros fiquem sentados e aprendam a ficar sem nada fazer. E, felizardos, os polinésios poderão então se entregar ao amor livre sem temer os pontapés da Vênus civilizada nem os sermões da moral europeia.

E tem mais. Para encontrar trabalho para todos os sem valor da sociedade atual, para deixar o ferramental industrial se desenvolver infinitamente, a classe operária, assim como a burguesia, deverá violentar seus gostos abstinentes e desenvolver incessantemente sua capacidade de consumo. Em vez de comer uma ou duas onças de carne dura por dia, isto é, quando comia, agora comerá suculentos bifes de uma ou duas libras; em vez de beber moderadamente vinho ruim, mais papista que o papa, tomará longas e profundas tragadas de Bordeaux, de Borgonha, sem batismo industrial, e deixará a água para os bichos.

Os proletários meteram na cabeça que devem infligir aos capitalistas dez horas de forja e de refinaria; aí está o grande erro, a causa dos antagonismos sociais e das guerras civis. Será necessário proibir o trabalho, não impô-lo. Os Rothschild, os Say[45] poderão dar provas de que, a vida toda, foram perfeitos canalhas; e se jurarem querer continuar vivendo como perfeitos canalhas, apesar do entusiasmo geral pelo trabalho, serão registrados e, nas suas prefeituras respectivas, receberão todas as ma-

---

45. Família de industriais. (N.T.)

nhãs uma moeda de vinte francos para seus pequenos prazeres. As discórdias sociais desvanecerão. Rendeiros e capitalistas serão os primeiros a se juntar ao partido popular assim que entenderem que, longe de querer seu mal, pelo contrário, quer livrá-los do trabalho de superconsumo e desperdício, o qual os têm esmagado desde que vieram à luz. Quanto aos burgueses incapazes de comprovar que foram canalhas, estes poderão seguir seus instintos: há muitos ofícios nojentos para eles. Dufaure limparia as latrinas públicas; Gallifet abateria porcos sarnentos e cavalos mormosos; os membros da comissão de indulto, despachados em Poissy, marcariam bois e carneiros para o abate; apegados às pompas fúnebres, os senadores brincariam de papa-defuntos.[46] Para outros, proveremos ofícios ao alcance de sua inteligência. Lorgeril, Broglie arrolhariam garrafas de champanhe, mas seriam amordaçados para impedir que se embriagassem; Ferry, Freycinet, Tirard destruiriam os percevejos e vermes dos ministérios e outros albergues públicos.[47] Será preciso, entretanto, deixar o erário público fora do alcance dos burgueses, por medo dos hábitos adquiridos.

---

46. *Jules Dufaure* (1798-1881): político de orientação liberal, foi várias vezes ministro. *Gaston de Gallifet* (1831-1909): oficial do exército e governador de Paris.
47. *Hippolyte-Louis de Lorgeril* (1811-1888): poeta e político francês. *Albert de Broglie* (1821-1901): historiador, diplomata e estadista. *Albert Ferry* (1833-1893): político. *Charles de Freycinet* (1828-1923): político e engenheiro. *Pierre Emmanuel Tirard* (1827-1893): político. (N.T.)

Entretanto, longa e dura será a vingança contra os moralistas que perverteram a humana natureza, os tartufos, as baratas de sacristia, os hipócritas:

> [...] e outras seitas de gente que se disfarçaram como máscaras para enganar o mundo. Pois, dando a entender à população que não se ocupam senão com contemplação e devoção, em jejuns e maceração da sensualidade, e não, de fato, a sustentar e alimentar a pequena fragilidade de sua humanidade, embora, pelo contrário, empanturram-se, e Deus sabe o quanto! *"Et Curios simulant, sed Bacchanalia vivunt."*[48] Podem lê-los nas letras garrafais e iluminuras de suas fuças vermelhas e barriga prominente, a não ser quando se perfumam com enxofre.[49]

Em dias de grandes regozijos populares, em vez de engolir poeira como nos 15 de agosto e 14 de julho do burguesismo, os comunistas e coletivistas farão circular garrafas, trotar presuntos e voar taças, enquanto os membros da Academia das Ciências Morais e Políticas, os sacerdotes religiosos ou seculares das igrejas econômica, católica, protestante, judia, positivista e livre pensadora, os promotores do malthusianismo e da moral cristã, altruísta, independente ou submissa, vestidos de

---

48. Fingem ser Cúrio, mas vivem em bacanais. "Juvenal".
49. *Pantagruel*. Livro II. Capítulo XXXIV.

amarelo, segurarão a vela até se queimarem os dedos e passarão fome ao lado de mulheres atrevidas e mesas atulhadas de carnes, frutas e flores, e morrerão de sede ao lado de tonéis abertos. Quatro vezes por ano, na mudança de estações, assim como os cães dos amoladores, serão trancafiados em grandes rodas e durante dez horas serão condenados a moer vento. Advogados e legistas sofrerão a mesma pena.

Em regime de preguiça, para matar o tempo que nos mata segundo após segundo, haverá espetáculos e representações teatrais incessantes; é trabalho sob medida para nossos burgueses legisladores, os quais serão organizados em bandos correndo as feiras e os vilarejos, dando representações legislativas. Os generais, com botas de montaria, o peito adornado com galões, crachás, cruz da Legião de Honra, irão, por ruas e praças, aliciar as pessoas de bem. Gambetta e Cassagnac,[50] seu compadre, encarregar-se-ão da conversa fiada na porta. Cassagnac, em grande costume de mata-mouros, revirando os olhos, torcendo o bigode, cuspindo estopa inflamada, ameaçará todo o mundo com a pistola do pai e se precipitará em um buraco assim que lhe mostrarem um retrato de Lullier[51]; Gambetta discorrerá sobre política externa, sobre a pequena Grécia que o endoutoriza e tocaria fogo na Europa para engambelar a Turquia; sobre a grande Rússia que o estultifica com a sova que promete dar à Prússia

---

50. *Léon Gambetta* (1838-1882): político. Possivelmente *Paul Adolphe Granier de Cassagnac* (1842-1904): jornalista e político. (N.T.)
51. Ex-oficial da Marinha, eleito membro da Comuna, muito batalhador.

e deseja no Oeste da Europa lutas sangrentas para se enriquecer no Leste e esmagar o niilismo em seu seio; sobre o Sr. de Bismarck, o qual, na sua magnanimidade, deixou-o se pronunciar sobre a anistia... Em seguida, mostrará sua enorme barriga pintada com as três cores, na qual rufará com as mãos e enumerará os deliciosos bichinhos, as sombrias, as trufas, os copos de Margaux e de Yquem, com os quais se empanturrou para encorajar a agricultura e manter em júbilo os eleitores de Belleville.

Na barraca, começarão pela "Farsa eleitoral".

Diante dos eleitores, teimosos e com orelhas de burro, os candidatos burgueses, vestidos de palhaços, dançarão a dança das liberdades políticas, limpando a face e o posfácio com seus programas eleitorais cheios de promessas, falando com lágrimas nos olhos das misérias do povo e com voz altissonante das glórias da França; e as cabeças dos eleitores zurrarão em coro e solidamente: "iii-oon! iii-oon!".

Em seguida, virá a peça principal: "O Roubo dos Bens da Nação".

A França capitalista, enorme fêmea de rosto peludo e crânio calvo, balofa, as carnes flácidas, inchadas, lívidas e os olhos apagados, boceja, sonolenta, e recosta-se em um sofá de veludo; a seus pés, o Capitalismo industrial, gigantesco organismo de ferro, com máscara simiesca, está devorando, mecanicamente, homens, mulheres e crianças cujos gritos lúgubres e penetrantes enchem o ar; o Banco, com focinho de fuinha, corpo de hiena e mãos de harpia, rouba-lhe agilmente as moedas de cem soldos do bolso. Hordas de miseráveis proletários descarnados, em trapos, escoltados por policiais com o sabre desembainhado, empurrados por fúrias que os castigam com os chicotes da fome, trazem aos pés da França capitalista montes de mercadorias, barricas de vinho, sacos de ouro e de trigo. Langlois,[52] com sua calça em uma mão, o testamento de Proudhon na outra e o livro fiscal entre os dentes, encabeça os defensores dos bens da nação e monta guarda. Uma vez os fardos depositados, mandam enxotar os operários com coronhadas e golpes de baionetas para abrir a porta aos industriais, comerciantes e banqueiros que se precipitam desordenadamente no monte, engolindo tecidos de algodão, sacos de trigo, lingotes de ouro, esvaziando barricas; extenuados, sujos, nojentos, desabam em seus excrementos e vômitos... Ouve-se então um trovão, a terra se abala e entreabre, a fatalidade histórica surge; e, com seu pé de ferro, esmaga as cabeças dos que soluçam, titubeiam, caem e não mais conseguem fugir; com sua ampla mão, derruba a França capitalista, aturdida e suando de medo.

* * *

Se, erradicando de seu coração o vício que a domina e avilta sua natureza, a classe operária se levantasse na sua força tremenda, não para reclamar os "Direitos Humanos", que não passam de direitos da exploração

---

52. *Amédée Jérôme Langlois* (1819-1902): oficial da marinha, jornalista, membro da Internacional Operária, amigo e executor testamentário de Proudhon. (N.T.)

capitalista, não para reclamar o "Direito ao Trabalho", que não é senão o direito à miséria, mas para forjar uma lei de ferro que proíba a qualquer homem trabalhar mais de três horas por dia, a Terra, a velha Terra, transbordante de alegria, sentiria pulsar em si um novo universo... Contudo, como pedir a um proletariado corrompido pela moral capitalista tal resolução viril?

Como Cristo, dolente personificação da escravidão antiga, os homens, as mulheres e as crianças do proletariado sabem, pesarosamente, há um século, o duro calvário da dor: há um século, o trabalho forçado quebra-lhes os ossos, machuca-lhes profundamente a carne, atormenta-lhes os nervos; há um século, a fome torce-lhes as entranhas e alucina-lhes o cérebro!... Ó Preguiça, tenha piedade de nossa longa miséria! Ó Preguiça, mãe das artes e das nobres virtudes, seja o bálsamo das angústias humanas!

APÊNDICE

Nossos moralistas são pessoas muito modestas; embora tenham inventado o dogma do trabalho, duvidam de sua eficácia para serenar a alma, alegrar o espírito e manter o bom funcionamento dos rins e outros órgãos; querem experimentar seu uso sobre a população *"in anima vili"*, antes de virá-lo contra os capitalistas, cujos vícios eles têm por missão desculpar e autorizar.

Ora, filósofos de meia-tigela, por que quebram tanto a cabeça para lucubrar uma moral cuja prática não ousam aconselhar a seus mestres? Seu dogma do trabalho, do qual tanto se orgulham, querem vê-lo menosprezado, odiado? Abramos a história dos povos antigos e os escritos de seus filósofos e legisladores:

> Não saberia afirmar, diz o pai da história, Heródoto, se os gregos herdaram dos egípcios o desprezo que têm pelo trabalho, porque encontro esse mesmo desprezo entre os trácios, citas, persas, lídios; em suma, porque, para a maioria dos bárbaros, aqueles que aprendem as artes mecânicas e até mesmo seus filhos são vistos como os últimos dos cidadãos...

Todos os gregos foram criados nesses princípios, em particular os lacedemônios.[53]

Em Atenas, os cidadãos eram verdadeiros nobres que apenas tinham de lidar com a defesa e a administração da comunidade, assim como os guerreiros selvagens dos quais se originavam. Tendo, portanto, de estar livres o tempo todo para zelar pelos interesses da República, com sua força intelectual e corporal, deixavam todo o trabalho aos escravos. Do mesmo modo, em Lacedemônia, até as mulheres não deviam fiar ou tecer para não derrogar à sua nobreza.[54]

Os romanos apenas conheciam dois ofícios nobres e livres: a agricultura e as armas; todos os cidadãos moravam de direito à custa do Erário, sem serem obrigados a prover seu sustento por nenhuma das *"sordidœ artes"* (assim designavam os ofícios) que, por direito, cabiam aos escravos. Para levantar o povo, Bruto, o Velho, acusou Tarquínio, o Tirano, sobretudo de ter transformado cidadãos livres em artesãos e pedreiros.[55]

Por mais que os filósofos antigos discutissem em relação às ideias, concordavam quando se tratava de execrar o trabalho:

---

53. Larcher. *Hérodote*, II, 167, I trad., 1876. [Tradução livre.]
54. Biot. *De l'abolition de l'esclavage ancien en Occident*, 1840. [Tradução livre.]
55. Tito Lívio. Liv. I.

A natureza, diz Platão, em sua utopia social, em sua "República" modelo, a natureza não criou nem sapateiros, nem ferreiros; tais ocupações degradam as pessoas que as exercem, vis mercenários, miseráveis inomináveis que são excluídos, por seu próprio estado, dos direitos políticos. Quanto aos mercadores, acostumados a mentir e enganar, apenas serão tolerados na cidade como mal necessário. O cidadão que se terá aviltado com comércio de loja será processado por esse delito. Se achado culpado, será condenado a um ano de prisão. A pena será duplicada a cada recidiva.[56]

Em seu *Econômico*, Xenofonte escreve:

> As pessoas que se entregam aos trabalhos manuais nunca serão elevadas a cargos, e com toda a razão. Em sua maioria, condenadas a ficar sentadas o dia todo, algumas até a suportar um fogo contínuo, não podem senão ter o corpo deformado, e é raro o espírito não se ressentir disso.
> O que pode surgir de honroso de uma loja? – professa Cícero –, e o que o comércio pode produzir de honesto? Tudo o que se chama de loja é indigno de um homem honesto...

---

56. Platon. *République*. Liv. V. [Tradução livre.]

uma vez que os mercadores não podem ganhar sem mentir e, além do mais, nada há de mais vergonhoso que a mentira! Portanto, deve-se olhar como algo baixo e torpe o ofício de todos aqueles que vendem seu suor e sua indústria; pois quem quer que seja que dê seu trabalho por dinheiro vende a si mesmo e se põe na condição de escravo.[57]

Proletários, embrutecidos pelo dogma do trabalho, entendam desses filósofos, cuja linguagem lhes escondem com um zelo todo especial: um cidadão que dá seu trabalho por dinheiro se degrada à condição de escravo, comete um crime merecedor de anos de prisão.

A tartufice cristã e o utilitarismo capitalista não haviam pervertido esses filósofos das Repúblicas antigas; como professavam para homens livres, expressavam ingenuamente seu pensamento. Platão, Aristóteles, esses pensadores gigantes, aos pés dos quais nossos Cousin, Caro, Simon mal chegam erguendo-se na ponta dos seus próprios,[58] queriam que os cidadãos de suas Repúblicas ideais vivessem no maior lazer, pois, acrescentava Xenofonte: "O trabalho toma conta do tempo todo e com ele não se tem lazer para a República e os amigos". Segundo Plutarco, o grande mérito de Licurgo, "o mais sábio dos homens", para a admiração da posteridade, era o de

---

57. Cíceron. *Des Devoirs*. 1, Tit. II. Chapter XLII. [Tradução livre.]
58. *Victor Cousin* (1792-1867): filósofo e político. *Elme-Marie Caro* (1826-1887): filósofo e crítico literário. *Jules Simon* (1814-1896): filósofo e estadista.

ter concedido lazeres aos cidadãos da República e de ter-lhes proibido o exercício de qualquer ofício.[59]

Mas, responderão os Bastiat, Dupanloup, Beaulieu[60] e os consortes da moral cristã e capitalista: esses pensadores, esses filósofos preconizavam a escravidão. Perfeito, mas havia outro modo, dadas as condições econômicas e políticas de sua época? A guerra era o estado normal das sociedades antigas; o homem livre devia dedicar seu tempo a discutir os assuntos do Estado e a zelar pela sua defesa; os ofícios, então, eram primitivos e grosseiros demais para que, ao praticá-los, fosse possível exercer também o de soldado e o de cidadão; para ter guerreiros e cidadãos, os filósofos e legisladores haviam de tolerar os escravos nas Repúblicas heroicas. Mas os moralistas e os economistas do capitalismo não preconizam o assalariamento, essa escravidão moderna? E a quais homens a escravidão capitalista dá lazeres? Aos Rothschild, Schneider, às Sras. Boucicaut, inúteis e nocivos escravos de seus vícios e de seus domésticos.[61]

---

59. Platon. *La République*, V; *Les Lois*, III. Aristóteles. *Política*, II e VII. Xénophon. *Économique*, IV e VI; Plutarque, *Vie de Lycurgue*. [Traduções livres.]
60. *Frédéric Bastiat* (1801-1850): economista, político e polemista liberal. Mons. *Félix Dupanloup* (1802-1878): teólogo, religioso. Possivelmente, *Adolphe le Hardy de Beaulieu* (1814-1894): engenheiro civil e economista liberal belga. (N.T.)
61. *Joseph Eugène Schneider* (1805-1875): político e industrial, criador dos *Maîtres de Forges du Creusot*, uma das primeiras indústrias metalúrgicas francesas. *Marguerite Boucicaut* (1816-1887): benfeitora, esposa de Aristide Boucicaut (1810-1877), fundador da loja *Le Bon Marché*. (N.T.)

"O preconceito da escravidão dominava o espírito de Pitágoras e de Aristóteles", escreveu-se desdenhosamente; e, entretanto, Aristóteles previa que,

> [...] se cada ferramenta pudesse executar sem comando ou, então, por si só, a própria função, como as obras-primas de Dédalo, que se moviam sozinhas, ou como as tripeças de Vulcano, que se punham espontaneamente ao trabalho sagrado; se, por exemplo, as lançadeiras dos tecelões tecessem por si sós, o gerente de oficina não precisaria de ajudantes, nem o mestre, de escravos.

O sonho de Aristóteles é nossa realidade. Nossas máquinas com sopro de fogo, membros de aço, incansáveis, com fecundidade maravilhosa, inesgotável, executam docilmente e sozinhas seu trabalho sagrado; e, entretanto, o gênio dos grandes filósofos do capitalismo continua dominado pelo preconceito do assalariamento, a pior das escravidões. Ainda não entenderam que a máquina é o redentor da humanidade, o Deus que salvará o homem das *sordidœ artes* e do trabalho assalariado, o Deus que lhe dará lazeres e liberdade.

SOBRE O AUTOR

Lafargue certamente teve um destino incomum. Nasceu em 15 de janeiro de 1842, em Santiago de Cuba. Segundo Jean Maitron, Justinien Raymond e Jean Dautry, sua avó paterna, mulata da ilha de São Domingos, casada com um francês provavelmente oriundo da região de Bordeaux, refugiou-se em Cuba quando do Levante dos Negros (1796-1802), durante o qual seu marido desapareceu. Expulsa de Cuba, como todos os emigrados franceses, pela revolta das colônias espanholas, foi para Nova Orleans com a criança que viria a ser o pai de Paul Lafargue. Seu avô materno, Abraham Armagnac, de família judia e francesa morando em São Domingos, voltava da França onde terminara os estudos quando a revolta local obrigou a família a deixar a ilha. Logo, passou a viver fora dos laços legais do casamento com uma caraíba que se tornaria a avó materna de Lafargue. Portanto, nas veias de Lafargue corria o "sangue de três raças oprimidas": mulatos, judeus e índios. Em 1851, sua família mandou-o para a França a fim de que completasse seus estudos em Bordeaux e Toulouse. Em seguida, ele foi estudar medicina em Paris, onde conheceu Joseph Proudhon, com o qual colaborou no jornal *La Rive Gauche*.

Em fevereiro de 1865 viajou para Londres, onde, com uma carta de apresentação de Jaclard, foi visitar Karl Marx, segundo ele próprio dizia, "meio que a contragosto, pois, imbuído então das ideias de Proudhon"[1], e conheceu Friedrich Engels. Foi um dos organizadores do primeiro Congresso Internacional de Estudantes de Liège, em outubro de 1865. Por ter pedido a substituição de todas as faixas tricolores por vermelhas, foi processado com Victor Jaclard, Gustave Tridon e outros. Banido de todas as faculdades da França, foi estudar na Inglaterra, onde obteve seu doutorado em 1868.

Logo simpatizou com Karl Marx, que o iniciou às doutrinas e aos métodos do socialismo científico. Passou a frequentar sua casa e acabou se casando com Laura, a segunda filha de Marx, em 1868. Tiveram três filhos: o primeiro, nascido em 1868, morreu em 1872, quando a família estava na Espanha; a segunda morreu com três meses, em 1870; e o terceiro morreu com alguns meses, em 1871.

Em Paris, com a mulher, no início de 1870, participou das batalhas contra o Império nos meios republicanos reagrupados em torno do jornal *La Marseillaise*. Tornou-se membro da Associação Internacional dos Trabalhadores (AIT) e participou da Comuna, instaurada em

---

1. Bracke. *L'Humanité*. Edição consagrada à morte de Lafargue. 28 nov. 1911. Disponível em: http://gallica.bnf.fr/ark:/12148/bpt6k252944t.item. Acesso em: 23 fev. 2016.

18 de março de 1871, que o mandou a Bordeaux para ali organizar o apoio ao movimento parisiense. Com a repressão de Versailles, foi obrigado a cruzar a fronteira espanhola. Foi detido em Huenca, mas, como o governo Castelar recusou a sua extradição, ele foi solto. Restabeleceu o contato com Engels e trabalhou com Mora e Pablo Iglesias na AIT de Madri, onde tentou em vão lutar contra a forte influência de Bakunin. Como representante de três federações (duas de Madri e uma de Lisboa), participou do V Congresso Internacional em Haia, onde votou pela exclusão de Bakunin e James Guillaume e pela mudança de sede para Nova Iorque, além de propor a criação de uma Federação Internacional dos Ofícios. Fundou uma Nova Federação Madrilena, que não surtiu muitos efeitos, mas deitou as bases do futuro Partido Socialista Espanhol.

De volta a Londres, "chocado pela parte de charlatanismo que julgava inseparável do exercício da medicina"[2] e marcado pela morte de seus três filhos, preferiu abrir uma oficina de fotolitografia e gravura que nunca chegou a prosperar. Jules Guesde, que ele apenas conhecia por correspondência, hospedou-se na sua casa quando de sua viagem a Londres para redigir um programa para os trabalhadores franceses com Marx. A partir de 1880, colaborou, episódica e anonimamente, em particular a respeito da questão agrária, com o jornal

---

2. *Idem.*

L'Égalité de Guesde, tornando-se mais ativo de dezembro de 1881 a dezembro de 1882.

    O casal retornou à França em 1882. Com Guesde, Lafargue fundou o *Parti Ouvrier* (Partido Operário), que se tornaria *Parti Ouvrier Français* em 1893, primeiro partido marxista na França. Por suas falas na região mineira, industrial e rural de Montluçon-Commentry, os dois seriam condenados, em 1883, a seis meses de encarceramento e 100 francos de multa por propaganda revolucionária. Na famosa prisão de Sainte-Pélagie, redigiram um comentário do Programa do *Parti Ouvrier*, "uma das mais eficientes introduções ao socialismo"[3], e Lafargue escreveu o livro *Direito à preguiça*. Ambos escritos foram traduzidos em "todos os idiomas da Europa"[4]. Nos anos seguintes, escreveu artigos vigorosos para vários periódicos socialistas, proferiu conferências e deu aulas de economia social. O ano de 1891 seria marcado pelo massacre de Fourmies, comuna do Norte da França em que, no dia primeiro de maio, a polícia fuzilou os operários em greve geral que reivindicavam uma jornada de oito horas e um aumento salarial. Lafargue descreve os fatos assim: "Então, os soldados, sem ter sido provocados pela multidão, sem ter disparado os três tiros de aviso regulamentares, atiraram. A carnificina teria durado muito mais tempo não fosse o padre católico Margerin, que saiu de casa e gritou: 'Basta de vítimas'. Nove crian-

---

3.   *Idem*.
4.   *Idem*.

ças estavam deitadas na praça, além de um homem de 30 anos, dois jovens de 20 anos, duas crianças de 11 e 12 anos e quatro moças de 17 a 20 anos.". Vítima de uma campanha da imprensa local, que distorceu o teor das conferências que ele havia proferido na região, Lafargue foi condenado a um ano de prisão por instigar o tumulto e "incitar ao assassinato", assim, voltou para Sainte-Pélagie.

Com a morte do deputado Werquin, o *Parti Ouvrier* lançou sua candidatura às eleições do primeiro distrito da cidade de Lille. Apesar de virulenta campanha contra ele na imprensa local e parisiense, conseguiu 5.005 votos contra três candidatos: oportunista (2.928 votos), radical (2.272) e de direita (1.246). A imprensa então o perseguiu: questionou suas origens, chamou-o de "quase alemão", salientou seus vínculos com o "prussiano" Karl Marx e atacou seus escritos. Os patrões fizeram esforços inimagináveis para aterrorizar os operários. Mesmo assim, ele foi eleito no segundo turno com 6.240 votos contra 5.175 para o candidato do governo. Seus opositores tentaram uma última cartada: impedir sua posse por considerá-lo estrangeiro, uma vez que o governo espanhol havia recusado a sua extradição em 1871. No entanto, a Câmara dos Deputados validou sua eleição e ele saiu da prisão. Virou, então, um arauto do socialismo, que ajudou a difundir em toda a França. Contudo, uma hábil manipulação administrativa mudou sua circunscrição e ele nunca foi reeleito, o que não o impediu de continuar sua incessante ação militante e propagandista.

Em 1896, Laura Marx-Lafargue herdou parte da fortuna de Engels e eles compraram uma casinha na cidadezinha de Draveil, ao sul de Paris, para viverem de "modo hedonista", sem abandonar o combate. A partir de 1906, ele começou a redigir editoriais para o diário *L'Humanité* e continuou escrevendo livros e brochuras engajados. No dia 28 de novembro 1911, os corpos dos dois foram encontrados na casa onde moravam. Lafargue justificou assim o suicídio:

> São de corpo e espírito, mato-me antes de a implacável velhice, que me furta, um por um, os prazeres e as alegrias da existência e me despoja de minhas forças físicas e intelectuais, paralisar minha energia, quebrar minha vontade e fazer de mim um peso para mim e os outros.

Na primeira página do jornal *L'Humanité* de 28 de novembro de 1911,[5] não faltavam depoimentos de ilustres socialistas. Jean Jaurès declarou, entre outros:

> Lafargue duvidou de si mesmo cedo demais, mas embora tenha encurtado volun-

---

5. *Idem.*

tariamente a própria vida, que consagrava inteiramente à sua causa, ela é tão rica de ação desinteressada, de dedicação socialista, de pensamento original e singular, tão íntima e profundamente entremeada a todas as lutas políticas e sociais do proletariado francês e do socialismo internacional, há quase meio século, que se pode dizer, sem hesitar, que ele cumpriu sua tarefa e tem direito ao grande repouso tão tragicamente conquistado.

Jules Guesde, por sua vez, afirmou:

> Em perfeita condição física e mental, com uma saúde melhor que muitos dentre nós, Lafargue ainda podia nos brindar com escritos do gênero e do valor desse admirável *Direito à preguiça*, que é uma pequena obra-prima, e que igualo ao famoso *Paradoxo* de Diderot. Havia algo de Diderot em Lafargue.

Paul e Laura estão enterrados no Père-Lachaise, em Paris, em frente ao *Mur des Fédérés*.

Vigoroso polemista a serviço do socialismo, Lafargue colaborou com inúmeros jornais e revistas na França e no exterior: *La Marseillaise*; *Le Journal des Économistes*; *L'Économiste*; *Le Devenir social*; *Les Cahiers de la Quinzaine*;

L'Humanité; La Revue philosophique; La Nouvelle Revue; Le Mouvement Socialiste; La Revue des idées; La Tribune du Peuple (Bélgica); *To Day; Progress; Slovo* (São Petersburgo); *Annales de la Patrie* (Rússia); e *Neue Zeit*.

Alain François

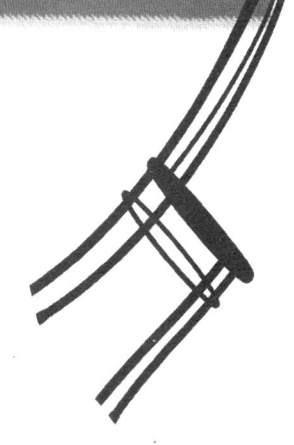

OBRAS
PUBLICADAS

Le Parti socialiste allemand – 1881.

La Politique de la bourgeoisie – 1881.

Que veulent donc les seigneurs de l'industrie du fer? – 1881.

Au nom de l'autonomie – 1881.

Le sentimentalisme bourgeois – 1881.

M. Paul Leroy-Beaulieu – 1881.

L'Autonomie – 1881.

L'Ultimatum de Rothschild – 1882.

Les Luttes de classes en Flandre de 1336-1348 et de 1379-1385 – 1882.

La Journée légale de travail réduite à huit heures – 1882.

Un moyen de groupement – 1882.

La Base philosophique du Parti Ouvrier – 1882.

Le Droit à la paresse (Réfutation du "Droit au travail" de 1848) – 1880, e nova edição – 1883.

Essai critique sur la Révolution Française du XVIII siècle – 1883.

Le matérialisme économique de Karl Marx, cours d'économie sociale – 1884.

La légende de Victor Hugo – 1885.
> (Escrito panfletário redigido alguns dias após o enterro do escritor, em que o acusa de ser um burguês oportunista.)

Une visite à Louise Michel – 1885.

Sapho – 1886.

Les Chansons et les cérémonies populaires du mariage – 1886.

Le Matriarcat, étude sur les origines de la famille – 1886.

La Circoncision, sa signification sociale et religieuse – 1887.

La Religion du capital – 1887.

Le Parti Ouvrier français – 1888.

Pie IX au Paradis – 1890.

Le Darwinisme sur la scène française – 1890.

Souvenirs personnels sur Karl Marx – 1890.

Appel aux électeurs de la 1re circonscription de Lille – 1891.

Origine de la propriété en Grèce – 1893.

Un appétit vendu – 1893.

Campanella, étude sur sa vie et sur la Cité du Soleil – 1895.

Idéalisme et matérialisme dans la conception de l'histoire – 1895.

Le Mythe de l'Immaculée Conception, étude de mythologie comparée – 1896.

Les origines du romantisme – 1896.

Le Socialisme et la Science Sociale – 1896.

La fonction économique de la bourse, contribution à la théorie de la valeur – 1897.

Le Socialisme et la Conquête des pouvoirs publics – 1899.

Origine de l'idée du Bien – 1899.

Le Socialisme et les intellectuels – 1900.

Les trusts américains: leur action économique, sociale, politique – 1903.

Souvenirs personnels sur Friedrich Engels – 1904.

La question de la femme – 1904.

Le mythe de Prométhée – 1904.

Le Patriotisme de la bourgeoisie – 1906.

Origine des idées abstraites – 1909.

La croyance en Dieu – 1909.

Le problème de la connaissance – 1910.

Este livro foi impresso pela Gráfica Rettec
em fonte FrutigerNextW01 sobre papel UPM Book Creamy 70 g/m²
para a Edipro no verão de 2021.